지루한 일상을 변화시킬 13가지 아름다운 결심

일상을 기적처럼

IMPROV WISDOM
Copyright © 2005 by Patricia Ryan Madson
All rights reserved.
Korean translation copyright © 2009 by IMAGO Publishers, Inc.
Korean translation rights arranged with Bell Tower,
an imprint of Harmony Books, a division of Random House, Inc.
through EYA(Eric Yang Agency)

이 책의 한국어판 저작권은 EYA(Eric Yang Agency)를 통하여
The Crown Publishing Group 사와 독점계약한 (주)이마고에 있습니다.
저작권법에 의해 한국 내에서 보호를 받는 저작물이므로
어떠한 형태로든 무단 전재와 복제를 금합니다.

지루한 일상을 변화시킬 13가지 아름다운 결심
일상을 기적처럼

초판 1쇄 인쇄일 2010년 7월 19일
초판 1쇄 발행일 2010년 7월 23일
지은이 퍼트리셔 라이언 매드슨
옮긴이 강미경
펴낸이 김미숙
편 집 이기홍
디자인 박선옥
마케팅 백유창
관 리 이생글

펴낸곳 이마고
주소 121-840 서울시 마포구 서교동 408-18 5층
전화 02-337-5660 팩스 02-337-5501
E-mail imagopub@chol.com www.imagobook.co.kr
출판등록 2001년 8월 31일 제10-2206호
ISBN 978-89-90429-89-6 03800

* 값은 뒤표지에 있습니다.
* 잘못된 책은 바꿔드립니다.

지루한 일상을 변화시킬 13가지 아름다운 결심

일상을 기록해봐

퍼트리셔 라이언 매드슨 지음 | 강미경 옮김

이마고

★ improv wisdom ★

엄마 버지니아 루이스 피트먼 라이언(1920~1998)에게 바친다.
엄마는 늘 '그래'라고 말씀하셨다.

내 삶의 즉흥연극 파트너 남편 로널드 휘트니 매드슨에게 바친다.

지난 40년 동안 나의 강의를 들으면서
내가 시키는 온갖 우스꽝스러운 일들을 마다하지 않고 시도해온 학생들에게
이 자리를 빌려 깊은 감사의 뜻을 전한다.
교사라는 세상에서 가장 멋진 직업을 갖게 해준 데 대해
그들 한 사람 한 사람 모두에게 감사한다.

★

지식에는 두 종류가 있다. 그중 하나는 어렸을 때 학교에서 얻는 지식이다.
이때 우리는 책과 선생님 말씀을 통해 여러 가지 사실과 개념을 암기하며,
기존의 학문과 새로운 학문을 통해서 정보를 수집한다.

이러한 지식을 가지고 우리는 세상으로 나간다.
정보를 보유하는 능력에 따라 우리는 남보다 앞서기도 하고 뒤처지기도 한다.
우리는 우리가 늘 가지고 다니는 서판에 뭔가를 항상 열심히 끼적이며
지식의 들판을 들락거린다.

또 다른 종류의 서판도 있다.
우리가 태어날 때부터 이미 완성된 채로 우리 내부에 보존되어 있는 서판이다.
지식의 샘에 박은 그 나무관에서는 늘 샘물이 솟구치고, 관 속은 늘 신선하다.
이 지식은 누렇게 변색되거나 썩는 일이 없다.
이 지식은 어느 한군데 고여 있는 법이 없이 늘 흐르지만,
학습이라는 도관을 통해 밖에서 안으로 흘러들지는 않는다.

이 두번째 지식은 우리 내부에서부터 밖으로 흘러나오는 수원(水源)이다.

_ 루미(1207~1273, 중세 이슬람 사상가), 〈지식의 두 종류〉

*prologue*_ 내면의 북소리에 귀 기울이기 ★ 9

*epilogue*_ 지금 이 순간, 삶의 무대로 뛰어오르다 ★ 183

옮기고 나서_ 오늘 하지 못하는 일은 내일도 하지 못한다 ★ 189

1 하루 동안 무엇에건 예스라고 말해보기 ★ 19

2 짐 꾸리는 데 열중하지 말고 그냥 떠나자 ★ 31

3 그저 바라볼 수만 있어도…… ★ 41

4 오늘 못하는 일을 내일은 할 수 있을까? ★ 51

5 새벽 4시 같은 삶 ★ 63

6 너무 소중해서 소홀했던 것들 ★ 73

7 주어진 현실에 눈을 감을 때 ★ 85

8 오직 나만이 할 수 있는 특별한 일 ★ 97

9 격려와 인정이라는 아름다운 선물 ★ 107

10 실수했을 때는 "짜잔!" 하기 ★ 127

11 오늘 집에 갈 때는 새로운 길로 가보기 ★ 141

12 누군가의 수호천사가 되는 즐거움 ★ 153

13 기분전환이 필요한 친구와 함께 밤소풍을 떠나자! ★ 173

prologue
내면의 북소리에 귀 기울이기

열한 살 무렵 버지니아 리치먼드에서 살 때 어머니가 색칠 공부 도구를 사주셨다. 주제는 잎이 무성한 단풍나무였다. 나는 붓의 부드러운 느낌과 거칠거칠한 화포의 촉감, 물감에서 나는 기름 냄새가 좋았다.

나는 선에서 약간만 빗나가도 수정을 하면서 지정된 물감 색깔에 맞추어 신중하게 그림을 그렸다. 공식에서 한 치도 벗어나지 않고 완성한 그림은 내 눈에 아름다워 보였고, 아버지는 대견한 듯 이렇게 선언하셨다.

"우리 팻시는 화가구나."

뒤이어 다른 색칠 공부 도구들도 내 수중에 들어왔고, 나는 계속해서 선 안에다 정성껏 그림을 그렸다.

그렇게 나는 살아가는 법을 터득했다.

늘 규칙을 따를 것. 설명서를 참고할 것. 보기를 따를 것. 각본을 완전히 암기할 것. 거장을 모방할 것. 이런 식으로 나는 뭘 하든 무조건 선을 따랐다.

그런 가운데 나는 예술가, 그중에서도 무대예술가가 되기로 결심했다. 연극무대가 우리의 선으로 주어졌을 경우 무대에 생기를 불어넣는 것이 우리가 해야 할 일이다. 어렵지 않은 일처럼 보였다.

나는 웨인 주립대학교에 입학해 교사 자격증을 땄다. 그러고 나서 힐베리 클래식 레퍼토리 극단에서 3년 동안 수백 차례의 공연 경험을 쌓은 후 연극학과 조교수 제의를 받아들여 오하이오의 데니슨 대학교로 자리를 옮겼다. 보통사람들 대부분이 그렇듯이 나 역시 모나지 않게 굴면서 평범한 삶을 살고 싶었다. 그리하여 오하이오 그랜빌의 언덕 지대에 자리잡은 집을 세내 가구와 그림을 수집하며 대학교 동료들과 사귀기 시작했다.

내가 꿈에 그리던 생활이었다. 일정한 소득과 후한 복지 혜택에 대학 교수라는 명예, 긴 휴가, 조그만 대학사회의 일원이라는 안정된 지위가 보장되어 있었다. 내 삶의 목표 하나는 그런 꿈같은 생활이 영원히 지속되게 하는 것이었고, 그러려면 종신 교수직을 따내야 했다.

나는 대학교 당국의 눈치를 살피며 나의 교수 경력에 도움이 되겠다 싶으면 무슨 일이든 발 벗고 나섰다. 규제감독위원회 위원장직을 맡고, 5대호 대학 연합 뉴욕 예술 프로그램 데니슨 지역 위원장이라는 명예로운 직함도 달았다. 부자들과도 어울렸다. 그런 가운데 우리 과에서 성격이 서로 다른 강의 아홉 개를 맡아 진행하며 교과과정에 공백이 보인다 싶으면 자원해서 그 공백을 메웠다.

나는 인기가 높았고, 5년 만에 최우수 교수에게 주는 상을 탔다. 나의 보직 경력과 교수 활동, 교실 경험은 흠 하나 없이 완전무결해 보였다. 종신재직권 심사가 다가왔고, 나의 인터뷰는 잘 끝났다. 결정이 나왔을 때 나는 그랜빌의 집에 막 계약금을 지불한 상태였다. 낭패스러웠다.

통지서에는 나의 활발한 학내외 활동에 감사한다는 내용과 나의 강의가 '지적으로 개성이 부족하다'는 내용이 적혀 있었다. 이런 지적을 나는 이해할 수가 없었다. 최근에 최우수 교수상을 받은 데다, 학계에 좋은 인상을 심을 만한 활동은 빠뜨리지 않고 모두 했으며, 책에 쓰인 대로 뭐든 다 했기 때문이다. 쉽게 말해 나는 정해진 선 안에 그림을 그렸다. 어디가 잘못된 것일까?

나는 한 번도 위험을 무릅쓴 적이 없었다. 충동에 따르거나 내 안의 북소리에 귀를 기울인 적도 없었다. 〈햄릿〉에 나오는 "무엇보다 너 자신에게 충실하라."라는 폴로니우스의 유명한 대사가 문득 떠올랐다. 그러고 보니 나는 나 자신에게 충실한 적이 없었다. 각본이 필요하지 않은 삶의 방식도 있다는 생각을 단 한 번도 해본 적이 없었다. 그 방식을 찾으려면 나 자신에게 귀를 기울이며 스스로를 신뢰하는 법을 터득해야 했다. (진정한 깨달음은 몇 년 후 나 자신보다 더 큰 뭔가를 신뢰해야 한다는 인식이 섰을 때 찾아왔다.)

나는 종신 교수로 임용될 만한 가치 있는 존재가 되려고 노력했다. 그런 가치는 자신의 목소리를 존중할 때에만 비로소 나온다는 것을 나는 알지 못했다. 오로지 다른 사람을 기쁘게 하려는 목적에서만 이루어지는 결정은 반드시 실패하기 마련이다. 내가 우러러보았던 사람들은 눈치를 보지 않았다. 그들은 자기 내면의 이런 목소리에 귀를 기울였다.

'내가 이 일을 하는 이유는 나 스스로 이 일을 해야 한다고 생각하기 때문이다.'

임용 탈락을 되새김질하면서 나는 나만의 것을 찾는 작업에 들어갔다. 데니슨이 나를 해임한 것은 옳았다. 종신 교수직 임용 심사에서 떨어지고 나자 대학에서 나의 경력은 끝났고, 다른 대학교에서 일자리를 구할 가능성도 없다는 생각이 들었다.

다행히도 내 생각이 틀렸다. 낙오자로 지낸 지 1년도 채 되지 않아 펜실베이니아 주립대학교 연극학과에서 연기와 발성을 가르치는 조교수 자리를 제안해왔다. 누가 급하게 그 자리를 비우는 바람에 내가 적임자로 당첨됐던 것이다. 또 다른 기회가 주어졌다는 사실이 너무도 기뻤다.

나는 앞으로 무슨 일을 하든 단지 다른 사람에게 좋은 인상을 심거나 자리를 얻기 위해 결정하는 일은 두 번 다시 하지 말자고 단단히 다짐했다. 대신 내면의 북소리에 귀를 기울이며 그 소리에 맞추어 앞으로 나아가자고.

나는 북채를 다루는 데 서툰 편이었지만 하여튼 북을 치기 시작했다. '이력서에 올리려는 목적의' 일들은 하지 않았다. 태극권을 시작했고, 여름방학에는 무용과 여행, 동방 종교 공부에 시간을 할애하며 삶의 시야를 넓혔다. 연극을 바라보는 내 눈은 더 이상 무대 앞부분에 구애받지 않았다. 나는 연기의 시원으로 거슬러 올라가 탐구하고, 꿈꾸고, 연기하기 시작했다. 나는 눈을 크게 뜨고 주변을 둘러보며 그래, 라고 말했다. 그 당시에는 미처 몰랐지만 나는 나의 상상력에 귀 기울이고 신뢰하는 법을 배우면서 즉흥연기자가 되어가고 있었다.

★ 즉흥연기가 가르쳐준 삶의 교훈

초심자들에게 '즉흥연극의 세계'로 알려진 비밀단체가 있다. 나는 1980년대 이후로 이 단체의 일원으로 활동하면서 스탠퍼드 즉흥극단을 결성하기도 했다.

이 모임은 현재 리걸리 데드 패러츠(Legally Dead Parrots), 베이 에어리어 시어터스포츠(Bay Area Theatresports), 트루 픽션 매거진(True Fiction Magazine), 위드아웃 어 넷(Without a Net), 퍼플 크레용(The Purple Crayon)과 같은 현란한 이름으로 전 세계 웹상에서 활약하고 있다. 느슨하게 짜인 이 단체는 즉흥연극 연구와 공연을 중심으로 돌아간다. 이곳 회원들은 긍정의 힘을 굳게 믿는다.

이 사람들은 사귀기가 쉽다. 이들에게선 열의가 넘쳐난다. 이들은 일상생활 속 흔히 널려 있는 무대에서 함께 어울리는 법을 터득했다. 이들이 가는 곳에는 어디서나 협조의 분위기가 감지된다.

내가 뭔가를 잊고 빠뜨리면 나의 동료들이 대신 채워준다. 다들 '고마워요'와 '미안해요'라는 말을 입에 달고 사는 듯하다.

우리는 많이 미소짓고 많이 웃는다. 우리가 뭔가를 결정하기 위해 회의를 여는 경우는 아주 드물다. 우리는 일을 척척 해낸다. 때로는 실수도 하고, 더러 허풍도 친다. 그러나 우리는 실수를 바로잡고 활용한다.

우리는 다른 사람들이 우리를 위해 얼마나 많은 일을 하고 있는지에 주목한다. 우리는 일을 즐기고, 그런 가운데 일을 망쳐서 사과하기도 한다. 더러 우리는 서로의 신경을 건드리기도 한다. 우리는 한시도 가만히 있지 않는다. 우리는 다 같이 삶과 예술을 창조한다. 우리는 즉흥연극을 펼친다.

키스 존스턴의 《즉흥연극 'Impro'》에서 인용한 아래의 구절은 이러한 습관이 습득 가능하다는 점을 우리에게 상기시켜준다.

'그래'라고 말하길 좋아하는 사람이 있는가 하면,
'아니야'라고 말하길 좋아하는 사람이 있다.
'그래'라고 말하는 사람은 모험이라는 상을 받고,
'아니야'라고 말하는 사람은 안전이라는 상을 받는다.
우리 주위에는 '그래'라고 말하는 사람보다
'아니야'라고 말하는 사람이 훨씬 더 많지만
훈련을 통해 이쪽도 될 수 있고, 저쪽도 될 수 있다.

우리의 삶이 즉흥연기자들처럼 매순간 흥으로 넘쳐난다고 상상해보라. 잔소리 심한 상사, 지겹게 칭얼대는 아이, 뜻하지 않은 운명의 전개에도 별 어려움 없이 적응하는 자신의 모습을 생각해보라. 원고 없이도 모임에서 연설을 하는 자신의 모습을 그려보라. 살아 있다는 느낌을 만끽하면서 어떤 모험에도 기꺼이 나서는 자신의 모습을 떠올려보라.

가정이라는 무대에서 즉흥연기는 더러 맛있는 저녁식사나 손수 만든 뜻밖의 생일 축하 카드, 은퇴를 앞둔 가장에게 그동안의 노고를 치하하는 감사의 말 등의 형태를 띠기도 한다. 펑크 난 타이어를 고치는 일도 대개는 즉흥연기다.

육아 또한 하나에서 열까지 모두 즉흥연기다. 그 어떤 책도 육아에 필요한 실제 기술을 가르쳐주지 못한다. 자연스럽게 이루어지는 대화 또한 곰곰이 생각해보면 즉흥연기다. 사전에 암기한 원고를 그대로 읽는 경우가 아니고서는 우리 입에서 나오는 말들은 모두 즉흥연기의 산물이다.

삶은 시시각각 기회를, 질문을, 해결해야 하는 문제를 우리에게 안겨주며, 우리는 우리 앞에 놓이는 도전이나 기회를 파악하려고 애쓰면서 실시간 반응한다. 우리는 매일의 구조 안에서 영원히 즉흥연기를 펼치며 어떻게 살아갈지를 고민한다.

즉흥연기는 우리를 깨우쳐 주변을 돌아보게 해준다. 즉흥연기는 우리 중 많은 사람이 선택하는 독선적인 삶의 방식에 대안을 제시해준다. 즉흥연기는 '그래'라고 말할 것을, 따지기보다 서로 도울 것을 요구한다. 즉흥연기는 일을 다르게 처리할 수 있는 기회를 제시한다.

즉흥연기는 닥치는 대로 삶을 살아가는 태도와는 거리가 멀다. 진정한 즉흥연기에는 늘 책임이 뒤따른다.

웰시의 한 선술집 참나무 계산대 위쪽 명판에 황금색으로 새긴 라틴어 글귀가 생각난다.

"오직 죽은 물고기만 물살에 제 몸을 내맡긴다."

계획을 제대로 세우지 못하면 심각한 결과가 초래될 수 있다. 건강진단 일정을 정기적으로 세우는 것은 중요하다. 미리 비행기 표를 사두고, 자동차 연료계 눈금이 0을 가리키기 전에 연료통을 가득 채우고, 주차 요금은 그날그날 정산하는 것이 바람직하다. 은퇴 적금은 몇 십 년 앞서 들어두는 것이 가장 좋다.

하지만 우리는 늘 카누를 조종하고 있다. 때로 거품이 하얗게 이는 급류를 만나면 굽이치는 물살에 카누를 맡기고 노를 쉬게 하면서 경치를 느긋하게 즐길 줄도 알아야 한다. 그러다 강에서 벗어나려면 더러 물살을 거슬러 미친 듯이 노를 저어야 할 때도 있다.

이처럼 삶이란 즉흥연극이다. 운이 좋다면 이 극은 길게 이어질 수도 있다. 그런가 하면 갑자기, 너무나 빨리 끝나버리기도 한다. 독자들에게 현재를 붙잡으라고, 귀중한 순간순간을 충실히, 신나게 살아가라고 상기시키는 작가가 내가 처음은 아닐 것이다.

내가 이 책을 쓴 목적은 여러분 모두 즉흥연기를 하듯 살라고 격려하기 위해서다. 때로는 위험도 무릅쓰면서 자신에게 중요한 일들을 조금이라도 더 많이 하기 바란다. 실수를 좀더 많이 하고, 더 자주 웃고, 때로 모험도 마다하지 않기 바란다.

진정한 의미의 실패란 아무것도 하지 않는 것이다. 왜 미지의 땅으로 삶을 이끌고 나가 탐험하면서 꿈에 시동을 걸고 선 밖에 그림을 그리려 하지 않는가?

아무리 뛰어난 수영 교본도 직접 수영장에 뛰어들지 않는다면 아무 소용이 없다. 온몸이 물에 젖는 경험을 하지 않고서는 수영을 익힐 수 없다. 즉흥연기도 마찬가지다.

나의 목표는 여러분을 수영장 가장자리의 안락한 의자에서 끌어내 다이빙대로 안내해 수정처럼 맑은 물속으로 뛰어들게 하는 데 있다. 때로는 깔끔한 수영장이 아니라 혼탁한 늪지를 힘들게 통과해야 할지도 모른다. 그때도 즉흥연기가 도움이 돼줄 것이다.

1
하루 동안 무엇에건 예스라고 말해보기

......Say yes

예스, 예스, 예스!

……앞으로 무슨 일에든 그렇다고 말하기로 했다.
_ 제임스 조이스의 《율리시스》중에서

★ 미친 소리처럼 들릴지도 모르겠다. 그래도 무슨 일에든 '예'라고 말해 보자. '예' '맞아요' '그럼요' '좋아요' '물론이죠' 라고. 모든 질문에 대한 답이 예스가 되는 순간 우리는 새로운 세계로, 행동과 가능성과 모험의 세계로 들어가게 된다.

인간은 소통을 갈망하고 긍정은 우리를 하나로 묶어준다. 긍정은 활력의 출발점이다. 긍정은 우리를 천국에 보내기도, 곤경에 빠뜨리기도 한다. 곤경 속에서도 우리가 하나가 된다면 그 곤경은 그리 나쁘지 않다.

우리가 무슨 생각을 제안하든 파트너가 우리를 지지해줄 것이라고 믿게 되면 마음이 든든해진다. 인생은 어떤 영화를 볼 것인가를 놓고 다투기에는 너무 짧다.

그렇다고 이 말을 속없이 남의 비위나 맞추는 '예스 맨'이 되라는 말과 혼동해선 곤란하다.

긍정을 말하는 것은 용기와 낙관주의에서 우러나오는 행동이다. 긍정의 말은 지배권을 나누어 갖게 해준다. 긍정을 말하는 것은 파트너를 행복하게 해주는 길이다. 긍정의 말은 우리의 세상을 넓혀준다.

나의 제자이자 세 아이의 엄마인 거트루드는 이런 경험을 들려주었다.

금요일, 여덟 살짜리 딸아이 서맨서가 눈을 반짝이며 부엌으로 부리나케 뛰어 들어왔다. "엄마, 엄마. 벽장에 괴물이 있어요!" 딸아이는 이렇게 소리쳤다. 보통 때 같았으면 나는 딸아이가 현실을 직시하기에 가장 좋은 대답이 뭘까 고민했을 것이다. 보나마나 이 비슷한 말을 하지 않았을까 싶다. "아니, 벽장에 괴물 같은 건 없단다. 단지 네 상상일 뿐이야." 대신 나는 긍정의 법칙을 떠올리고 설거지를 하다 말고 고개를 돌려 이렇게 말했다. "그래? 와, 가보자!" 나는 딸아이와 함께 벽장으로 가서 괴물과 딱 맞닥뜨렸다. 우리는 괴물을 붙잡아 킥킥대며 괴물이 사라질 때까지 간지럼을 태웠다. 마법처럼 신기한 모험을 공유하는 순간이었다. 긍정의 원리를 염두에 두기 전이었다면 딸아이의 환상에 동참할 생각은 아예 해보지 못했을 것이다. 즉흥연기에 감사한다.

마주치는 상황마다 모두 예스라고 말할 수 없다 할지라도 우리는 모두 평소보다 더 많이 예스라고 말할 수 있다. 그럴 수 있다는 것을 깨닫게 되는 순간 우리는 그동안 단지 습관 때문에 인간관계를 차단하는 기술을 얼마나 자주 사용해왔는지를 알게 될 것이다. 이 고비만 넘으면 긍정적이고 예상치 못한 결과가 나타날 수 있다.

* 긍정은 우정의 문을 활짝 열어준다

40여 년 전 긍정의 법칙을 내 삶의 원칙으로 받아들이게 되었던 날이 기억난다. 당시 나는 태극권 강좌를 듣고 있었는데, 안면이 거의 없는 웬 여성이 집까지 태워다줄 수 있느냐고 물어왔다.

솔직히 나는 뜻하지 않은 사교의 기회보다 침묵을 더 좋아해서 낯선 사람과의 만남은 되도록 피하는 편이다. 비행기를 탔는데 옆자리 승객이 비행 내내 수다 떨길 좋아하는 사람이면 가슴이 철렁 내려앉는다.

하지만 그날 나는 딱히 안 된다고 할 이유를 찾지 못해 그러겠다고 말했다. 그녀는 내 차에 올라탔고, 나는 낡은 시보레를 몰고 고속도로로 나갔다. 서로 정중하게 공통 관심사를 찾는 사이 우리의 대화는 태극권 경험과 건강 문제로 옮겨갔다.

얘기를 해보니 그녀도 나처럼 허리에 약간 문제가 있었다. 우리는 서로의 처지를 딱하게 여겼고, 그녀는 시술을 받고 나서 상당히 효과를 봤다는 좋은 침술사를 소개해 주었다. 헤어질 때 그녀는 그

침술사의 이름과 전화번호를 적어 내게 내밀면서 태워주어 고맙다고 말했다.

그 순간 내가 얼마나 잘못된 편견에 사로잡혀 있었는지에 문득 생각이 미쳤다. 나는 내가 그녀에게 호의를 베풀어 차를 태워준다고 생각하고 있었다. 그런데 막상 현실은 내가 도움을 받았다. 그 침술사는 정말 하느님이 보낸 선물과도 같았다. 그녀가 집까지 태워다주기를 청했을 때 예스라고 말하지 않았다면 나는 그의 존재조차 몰랐을 것이다.

나는 누가 도움을 청할 때 그것이 내가 들어줄 수 있는 부탁이라면 늘 '예스'라 말하자고 맹세했다. 당시 이러한 원칙을 받아들이게 된 데에는 이기적인 동기가 많이 작용했지만 이 좌우명은 내게 훌륭한 교사가 되었다.

우리가 삶을 향해 예스라고 말하면 관계의 단절이라는 불행을 피할 수 있게 된다.

우리는 종종 '노'라고 말하면서 다른 사람과 단절할 뿐만 아니라 대개는 우리 자신과도 단절한다.

"아무래도 나는 그림에 소질이 없나봐. 뭐 하러 이 고생을 하고 있지?"

"난 엄마처럼 좋은 요리사가 되긴 글렀어. 차라리 시켜 먹는 게 나아."

이처럼 결점을 찾는 것이 단절의 특징이다. 때로는 "맞아요. 하지만……"이라는 반응을 통해 동의하는 것처럼 보이기도 한다. 하지만 이 말을 "맞아요. 그리고……"로 바꾸어보면 어떨까. 아마도 이야기가 끊기지 않고 술술 풀려 나가는 경험을 할 것이다.

"맞아요. 그리고……"의 개념 안에는 즉흥연기의 정신이 그대로 녹아 있다. 동의는 즉흥연기 과정의 출발점이다. 일단 동의의 말을 하고 나면 그 다음에는 뭔가를 덧붙이거나 긍정적인 성격의 제안을 모색해야 한다. 이 단계를 회피하는 것 역시 단절의 한 형태다.

미리 지시를 받지 못하면 겁에 질려 상황에 아무것도 첨가하지 못하는 학생을 가르친 적이 있었다. 그는 아마도 실수할까 봐 두려워했던 것 같다.

마사가 다가와 상상의 아이스크림콘을 내밀면 셸던은 콘을 받아쥐고 무대 위에 우두커니 서 있기 일쑤였다. 그는 긍정적으로 보였고, 제안에도 예스라고 말하는 듯했다. 하지만 그 이상 아무것도 일어나지 않았다. 마사가 "어릿광대들 바로 뒤에 코끼리들이 오고 있어."라는 말로 상황을 끌어갈 때까지 셸던은 그저 가만히 서 있을 뿐이었다. 이야기에 아무것도 추가하지 않으려는 셸던의 태도 역시 공격성의 일종이다.

연기자들은 이야기의 흡인력을 골고루 나누어 갖는 것만이 좋은 시간을 보내는 유일한 길이라고 배운다. "맞아요. 그리고……"의 원리는 인간관계에도 적용될 수 있다.

이 원리를 통해 다른 사람의 꿈을 밀어주라. 이 긍정의 원리는 당신에게 우정에 이르는 문을 활짝 열어줄 것이다.

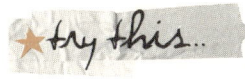

다른 사람의 꿈을 받쳐주라.
배우자든, 자녀든, 직장 상사든 누구 한 사람을 골라
일주일 동안 그 사람의 생각에 무조건 동의하라.
그가 하는 말이나 행동마다 좋은 점을 찾아보라.
기회가 있을 때마다 격려를 아끼지 말라.
자신의 편의보다 상대방의 편의를 먼저 생각하라.
그에게 스포트라이트를 맞추고 결과를 지켜보라.

* 예스, 예스, 예스!

삶에 긍정적으로 반응하려고 노력할수록 긍정적인 일들이 많이 생긴다. 캐슬린 노리스는 《놀라운 은총 Amazing Grace》에서 예스라고 말하려는 충동과 우리의 신뢰 능력의 연관관계를 다음과 같이 지적한다.

"태어난 지 일 개월가량밖에 되지 않는 갓난아기가 감각을 때려대는 소리의 혼돈을 감지하며 단어를 하나 둘 쌓기 시작한다. …… 그러다 마침내 말문이 트인다. 아기의 입에서 나오는 말은 '엄마' '아빠' 그리고 어디에서나 만능인 '노!'가 대부분이다. '예스'라는 말은 어린아이에게나 어른에게나 여간해서는 잘 팔리지 않는다. '예스'라고 말하면 신뢰가 껑충 뛰어오르면서 많은 경우 겁이 나는 관계에도 우리 자신을 내던질 수 있게 된다. 우리가 무엇을 하고 있는지 또는 그러한 행동이 우리를 어디로 이끌지 확실히 알지 못하면서도 우리는 동의를 시도하면서 긍정에 우리를 내맡긴다. 운이 좋으면 우리의 노력에는 상이 따른다. 신뢰의 말이 술술 나오기 시작하는 상이."

내가 알기로 낙관주의와 긍정에 대한 필요성이 지금처럼 절실한 적은 일찍이 없었다. 지난 세기에 문제 있는 인물들을 묘사하는 영화가 얼마나 많았는지를 조사한 기사에서 『샌프란시스코 크로니클』의 비평가 믹 라샐은 다음과 같이 주장했다.

"최근 미국 영화는 유례없이 냉소적이고 절망적이다. 사람들은 쓰레기이고, 세상은 끔찍하다는 게 영화가 암시하는 메시지다."

부정적인 이미지가 도처에서 우리를 에워싸고 있다. 상상조차 할 수 없는 공포가 이제는 우리의 집단무의식의 일부로 자리잡았다.

긍정의 원리를 실천하면 새롭고 긍정적인 이미지를 떠올리고 만들어내는 우리의 능력을 일깨울 수 있다. 긍정은 상황의 좋은 점을, 제안의 장점을, 제의의 가치를 보게 해준다. 긍정의 근육을 단련시키면 낙관주의가 형성된다. 하지만 긍정을 실천한다고 해서 반드시 좋은 결과가 나온다는 보장은 없다. 삶에 예스라고 말한다고 해서 문제가 저절로 사라지지도, 영원한 성공이 기다리고 있지도 않다. 하지만 긍정적인 시각은 우리 자신에게도, 우리 주변의 사람들에게도 좋은 영향을 미친다.

★ try this...

하루 동안 모든 것에 예스라고 말해 보자.
자신의 기호는 한쪽으로 치워두고 결과를 관찰하자.
물론 이 원리를 적용할 때는 상식을 활용해야 한다.
당뇨병을 앓고 있는데 누가 큼직한 파이를 내민다면
자신의 건강을 지킬 수 있는 방법을 강구해야 한다.
그런 때는 호기롭게 이렇게 말할 수도 있다.
"마침 잘됐네요. 이 파이를 체리라면 사족을 못 쓰는
아들 녀석 갖다 주어야겠군요."

2
짐 꾸리는 데 열중하지 말고 그냥 떠나자

......don't prepare

준비하지 않기

모든 것으로부터 그대를 비우라.
_노자의 《도덕경》 중에서

★ 계획을 세우지 말자. 마음을 비우자. 미래를 준비하는 데 에너지를 소진하지 말고 현재의 순간에 집중하자.

많은 경우 우리는 우리의 꿈을 이루려고 실제로 무언가를 하기보다 계획을 세우거나, 반추하거나, 일정표를 작성하느라 시간을 보낸다. 계획에 과도하게 집착하는 습관은 우리 앞에 실제로 무엇이 놓여 있는지 보는 것을 방해한다. 엉뚱한 곳에 정신이 팔려 현재를 놓치기 때문이다.

어학 시간에 학생들이 나란히 앉아 어떤 문단을 순서대로 번역한다고 가정해보자. 자연히 순서를 살피면서 자신이 번역해야 할 문장의 내용을 미리 가늠해볼 것이다. 다들 자기 앞에 놓여 있는 자료에 온통 주의를 집중하느라 다른 학생들이 하는 말은 놓친다. 다른 학생들의 발표 내용은 우리가 곧 번역하게 될 문단의 전후관계에 매우 중요하지만 우리는 듣지 않는다.

사회심리학 분야의 실험 결과들도 곧 지명이 예상되는 상황에서는 우리의 듣는 능력이 현저하게 떨어진다는 사실을 뒷받침해 준다. 실험 참가자 대부분은 본인 바로 앞이나 뒤에서 누구누구라고 소개한 사람의 이름을 기억하지 못했다. 자기 차례가 오면 무슨 말을 해야 할지 준비하느라, 또는 스스로를 얼마나 잘 소개했는지 판단하느라 바쁘기 때문이다. 누구나 어느 정도는 이렇게 한다. 귀를 기울여야 하는 순간 딴생각을 하는 것이다.

즉흥연기를 하려면 무대 위의 현재에 집중해야 한다. 재치 있는 대사를 찾느라 잠시 정신을 판 사이 실제로 일어나고 있는 일을 놓치게 되기 때문이다.

그저 이 순간에 집중해 보자. 계획이나 예상은 지나가게 놔두자. 명상을 할 때 길 잃은 생각들이 떠올랐다 사라지듯이 어떤 계획이 자꾸만 떠오르더라도 구름처럼 지나가게 놔두자. 그런 생각을 붙잡으려고 하지 말자.

준비를 주의력으로 대체하고 고도의 집중력을 발휘해서 현재를 대하면 우리가 해야 할 일이 분명해진다. 우리는 이미 답을 알고 있다. 자신의 상상력을 믿자. 자신의 마음을 믿고 스스로에게 놀랄 기회를 주자. 이러한 방법은 '답을 생각해 내려고 고심하는' 것과는 느낌부터가 확연히 다르다.

상황이 어떻게 전개되든 흘러가는 대로 내버려두어 보자.

대니엘라는 주간 판매 회의 자리에 앉아 공상에 빠졌다. 그녀의 상사는 슬라이드를 보여주며 이번 분기 매출 실적을 설명하고 있었다. 평소에 그녀는 프레젠테이션 시간마다 서류 용지에 무언가를 쓰곤 했다. 열심히 듣는 것처럼 보이려고 그랬지만 실은 속으로 자신이 할 말을 준비하고 있었다. 하지만 오늘은 달랐다.

"지금 발표되고 있는 저 정보에 관심을 집중해보자."

대니엘라는 이렇게 생각했다. 그러고 나서 그래프를 주의 깊게 살피면서 보고서에 완전히 집중하기 시작했다. 흥미로운 일이 일어났다. 그녀는 자기 부서의 매출 동향과 이 자료를 비교 분석하다가 자기도 모르게 신제품 개발 아이디어를 떠올렸다. 그녀의 입에서 신선하고 시의적절한 아이디어들이 쏟아져 나왔다. 그녀가 막 관찰한 내용에서 싹튼 아이디어들이.

★try this...

아무 계획 없이 하루를 보내보자.
모험을 해보자.
어느 때와 같은 일정을 따르기보다
호기심과 관심이 가는 대로 움직여보자.
계획표는 한쪽으로 밀쳐두고 대신
지금 당장 필요한 일을 기준으로
해야 할 일이 뭔지 결정해 보자.

* 두려움 내버려두기

아름답게 포장된 상자가 우리 앞에 놓여 있다고 상상해 보자. 잠시 상자를 '바라보라.'

포장지와 리본은 무슨 색깔인가? 포장지를 만져보라. 이제 상자를 들어올려 무게를 확인해 보라. 원한다면 흔들어보아도 좋다. 포장지를 신중하게 벗겨내고 상자 뚜껑을 열어 안을 들여다보라.

맨 처음 무엇이 보이는가?

선물을 꺼내 보고 그 물건의 세세한 점에 주목하라.

무엇을 발견했는가? 깜짝 놀랐는가?

아마도 당신은 상자를 열기 전에 분명히 이러이러한 물건이 들어 있을 것이라고 '예단' 했을 것이다. 상자 안에 있는 물건이 마음에 들지 않아 실망을 했을지도 모르고, 처음에 뚜껑을 열었을 때 상자가 비어 있다는 사실을 발견하고서 그랬을 수도 있다.

우리는 상자 안에 무엇이 있을지 '미리 생각한다.' 그러지 말고 일단 선물은 이미 있다고 믿어보자. 그러고 나서 어떤 선물인지 확인해보면 된다. 상자 안에는 늘 뭔가가 들어 있다. 현실은 늘 그곳에 뭔가를 넣어둔다.

'준비하지 말라' 라는 충고는 우리의 에고를 놓아주라는 뜻이다. 스스로에게 놀랄 기회를 주어보자. 그 다음 확연히 보이는 것을 받아들이자. 그렇게 받아들이고 나면 결국 감사할 일만 생긴다. 즉흥연기자에게는 틀린 답이나 나쁜 선물이 없다.

상자 안에서 무엇을 발견할지는 우리가 제어할 수 없지만 거기에 대한 우리의 반응은 언제든 제어할 수 있다. 자신이 받은 선물의 어떤 점이 옳은지, 어떤 점이 흥미로운지, 어떤 점이 유용한지를 보도록 노력하자.

이제 아름답게 포장된 선물이 당신 앞에 놓여 있다. 상자를 집어 포장지를 벗겨내라. 그리고 상자 안에서 무엇이 나타나든 그것을 충분히 만끽하라.

선물 상자가 텅 비었거나 연설을 해야 하는 상황에서 말이 나오지 않는다고 생각해 보자. 우선 이 문제를 어떻게 해결해야 할까?

샌프란시스코에서 활동하는 기업 컨설턴트 카라 올터는 실제 외투를 걸치듯 '자신감의 외투를 걸치라'고 제안한다. 그녀는 상상 속의 외투를 집어들고 팔을 끼워넣는 과정을 생생하게 그린다. 이렇게 하면서 그녀는 자세도 좋아지고 키도 더 커진다. 그녀에게는 이러한 방법이 실제로 크게 도움이 되는 듯하다. 하지만 긍정의 기술이 늘 효과가 있지는 않다.

학생들은 내가 교탁 앞에서 자신 있어 보인다고 말한다. 하지만 그들은 내가 무대나 강의실에서 40년을 넘게 보낸 지금도 여전히 수업을 앞두고 불안해 하며 무대공포증을 경험한다는 사실을 고백하면 깜짝 놀란다.

프레젠테이션이 잡혀 있으면 나는 잠을 거의 자지 못한다. 근심과 초조 속에 최악의 시나리오를 떠올리면서 밤을 지새우다시피 한

적이 한두 번이 아니다. 사람들에게 호감을 사고 싶은 만큼 실패와 반대는 두렵다. 그동안 아무리 많은 칭찬을 받았어도 나의 강의나 강연이 잘못될 수도 있다는 상상을 아직도 한다. 만족을 모르는 비평가의 망령이 내 상상력 속에 영원히 자리를 차지하고 앉아 있다.

성황리에 끝난 공개 프레젠테이션이 수천 건이 넘어도 이러한 나의 두려움을 몰아내지는 못했다. 내가 자신감을 경험한다면 대개 공연이나 강의가 끝난 후다. "자신감은 성공 뒤에 온다."는 것이 내가 배운 교훈이다. 이 말이 무대공포증과 거기에 뒤따르는 부정적인 생각을 다루는 데 무슨 관계가 있을까?

이러한 두려움은 극복하려고 아무리 노력해봐야 소용이 없다. 중요한 것은 이러한 감정을 굳이 고치려 들 필요가 없다는 것이다. (하지만 우리 대부분은 그렇게 하길 원한다.) 그런 종류의 두려움은 자연스럽고 보편적일 뿐만 아니라 우리가 얼마나 성공을 갈구하는지를 보여준다. 우리의 불안 한복판에는 성취욕의 씨앗이 자리하고 있다. 무대공포증은 유쾌하진 않지만 신경 쓰지 않으면 웬만큼 관리할 수 있다.

공연 불안증은 자신에게 지나치게 초점을 맞추는 데서 나온다.

"다들 날 쳐다보고 있어. 연습을 충분히 못했는데 실패하면 어쩌지? 실수라도 하면 다들 날 어떻게 생각할까?"

에고가 무대를 차지하고 전권을 휘두른다. 어쨌든 이러한 생각의 흐름은 방향을 잘못 잡은 결과다. 사람들은 우리가 성공하길, 잘해내길 바란다. 우리를 판단하는 사람은 거의 없다. 우리를 격려해주고 실수를 참아주는 사람들이 훨씬 더 많다.

 무엇보다도 '난 할 수 없다'고 말하는 목소리를 믿어선 안 된다. 우리는 얼마든지 움직일 수 있다. 서 있다면 앉으려고 노력하면 되고 앉아 있다면 돌아다니려고 노력하면 된다. 공포와 맞서지도 말고 공포에 관심을 두지도 말라. 공포가 일어나면 일어나는 대로 그대로 두라.

 초점을 바꾸면 마음에 여유가 생긴다. 두려움은 문제가 아니다. 두려움 때문에 집중력이 흩어지는 것이 문제다.

 즉흥연기자들은 사전에 준비된 원고 없이 늘 즉석에서 말한다. 우리는 우리에게 필요한 것을 늘 가지고 있다. 그렇게 믿는 순간 자유를 누릴 수 있다. 상자 안에는 늘 무언가가 들어 있다는 점을 기억하자.

3
그저 바라볼 수만 있어도……

……just show up

꿈이 있는 방향으로 움직이기

말은 그만하고 산책에 나서라.
_ L. M. 헤루

★ 이번 원칙은 믿기 힘들 만큼 간단하다. 그저 모습을 드러내기만 하면 된다. 우리가 어디에 있느냐가 차이를 만든다. 체육관, 사무실, 요가 교실, 극장 등 자신의 꿈을 향해, 그 꿈이 이루어지고 있는 곳을 향해 몸을 움직이라.

그곳이 어딘지는 각자가 알 것이다. 그곳에 있으라. 휴대전화가 등장하면서 "안녕하세요?"라는 예로부터의 인사가 어느새 "어디 계세요?"라는 질문으로 대체되었듯이, 위치는 많은 것을 의미한다.

이것이 얼마나 강력한 힘을 발휘하는지를 알면 깜짝 놀랄 것이다. 삶에 반드시 필요한 일인데도 그 자리에 모습을 드러내지 않는 경우가 얼마나 많은가. 미루다 보니, 게으르다 보니, 두렵다 보니 등등 가지 않는 이유는 수두룩하다. 하지만 '그저' 모습을 드러내는 것만으로도 이미 충분하다.

　언젠가 우디 앨런은 자리에 모습을 드러내는 것만으로도 '80퍼센트 성공'이라는 유명한 말을 남겼다. 즉흥연기자들이 영감이나 좋은 아이디어가 떠오를 때까지 기다린다면 어떤 장면도 시작되지 않을 것이다. 연기자들이 무대에 오르는 이유는 그곳에서 일이 벌어지기 때문이다. 그들은 그저 등장한다. 그러고 나면 마법이 시작된다.

　삶에 시동을 걸자. 걷든, 뛰든, 자전거를 타든 자신의 목적이 있는 방향으로 움직이자.

　부모님을 사랑하는가? 그럼 가서 만나 뵈라.
　글을 쓰고 싶은가? 그럼 책상에 앉으라.
　친구를 좀더 많이 사귀고 싶은가? 그럼 자원봉사 일을 찾아 나서거나 관심이 끌리는 주제의 강좌에 등록하라.
　운동이 필요한가? 그럼 체육관에 가거나 공원으로 산책을 나가라.
　환경운동에 관심이 있는가? 그럼 비닐봉지를 들고 근처 공원으로 나가 쓰레기를 수거하라.

　모습을 드러낼 때 관건은 시간을 잘 지키는 것이다. 그 자리가 다른 사람들과 함께하는 자리일 경우 제시간에 맞추어 나타나는 것은 매우 중요하다. 일 분 일 초가 소중하다. 지각하는 사람은 함께 일하는 모두의 시간을 도둑질하는 셈이다. 시간 엄수는 예의다.

　나는 학생들에게 수업 시간에 정확하게 나타나는 것이야말로 즉

홍연기자가 되는 데 가장 기본이 되는 첫 단계라고 말한다.

시간 엄수는 배우자, 가족, 동료들에게도 똑같이 적용된다. 그리고 혼자 있을 때도 시간 엄수의 중요성을 잊어선 안 된다. 자신의 시간을 소중하게 다루어야 한다. 벤저민 프랭클린이 일깨우듯이 "한번 잃어버린 시간은 두 번 다시 되찾을 수 없다."

* 일상의 의식 거행하기

자기만의 의식(儀式)을 거행하는 것으로 모습을 드러내는 과정을 시작해보면 어떨까? 하루를 시작하기 전에 특별한 의상이나 장비를 착용한다거나, 특정 장소에 간다거나, 일하는 공간을 다시 배치하거나 청소한다거나 등등. 이런 의식은 지루한 일상의 강력한 촉매가 될 수 있다.

유명한 안무가 트와일라 타프는 《창조적 습관 The Creative Habit》이라는 저서에서 자신의 의식은 매일 아침 5시 30분에 레그 워머를 챙겨 신고 뉴욕 아파트 입구 보도로 나가 소리쳐 택시를 잡고 시내 작업실로 가자고 하는 것이라고 고백한다. 택시 안에 발을 들여놓는 순간 그녀의 하루는 정상 궤도에 오른다.

나의 경우에는 침대 정리가 하루를 시작하는 출발점이다. 매일 아침 나는 눈을 뜨자마자 침대를 정리한다. 시트 주름을 펴고 담요를 팽팽하게 당겨 매트리스 밑에 집어넣은 다음 그 위에 퀼트를 깔고 베개를 가지런히 배치한다. 그리고 마지막으로 모포 끝자락을 살짝 접어준다. 이렇게 하는 데 2분도 채 걸리지 않는다. 이제 하루가 시작된다.

어쩌면 당신에게도 이미 나름대로 거행하는 일상의 의식이 있을지도 모르겠다. 있다면 어떤 의식인가?

자기만의 간단한 의식을 만들어보자. 운동, 규칙적인 독서, 명상, 영수증 처리 등 어떤 습관을 기르고 싶은지 생각해 보고 하나 정하자. 꾸준히 실천하기가 어렵거나 별로 매력을 느끼지 못하는 활동은 피하는 것이 좋다. 예를 들어 옷이나 장비를 정리하거나, 책상이나 일하는 공간을 청소하는 것은 어떤가? 매일 시간을 따로 정해 준비 의식을 거행해 보자. 단, 하루도 거르지 않고 꾸준히 실행하는 것이 중요하다.

＊ 다른 사람들을 위해 모습 드러내기

모습 드러내기는 다른 사람에게 호의를 베풀 때 특히 중요한 원리다. 특별한 능력보다도 우리의 존재 자체만으로 차이를 만드는 경우가 너무 많다.

에드워드의 아버지는 요양원에서 생활했다. 그는 아버지를 찾아뵙는 것이 중요하다고 생각하면서도 마음속으로는 요양원 방문을 미룰 구실을 기가 막히게 찾아냈다. 늘 뭔가 다른 일이 그의 관심을 빼앗아갔고, 그런 가운데 요양원 방문은 요원해 보이기만 했다.

어느 토요일 아침, 에드워드는 행선지에 대해 재잘거리는 정신의 수다를 무시하고 침대에서 빠져나와 옷을 입고 마사 제퍼슨 요양원으로 차를 몰았다. 그날 이후 에드워드는 토요일 아침마다 모습을 드러내기 시작했다. 간단한 일상 대화로 채워지는 시간들은 아버지와 아들 모두에게 의미가 있었다.

마음이 그가 있어야 한다고 생각하는 곳에 몸이 실제로 가게 되면서 그의 삶은 더 나은 쪽으로 바뀌었다. 3개월 후 그의 아버지는 세상을 떴다. 에드워드는 '그저 모습을 드러내는 것'의 지혜를 실감했다. 당신에게 중요한 일들을 시간을 핑계로 미루어선 안 된다.

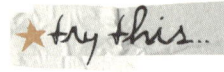

그저 모습을 드러내라.
삶의 중요한 일들이 일어나는 '성가신' 장소 다섯 군데를
생각해보라.
당장 책을 내려놓고 그중 한 곳을 골라 모습을 드러내보라.

* 위치 바꾸기

우리가 있어야 할 곳에 갔을 경우 어떻게 하면 우리의 경험을 극대화할 수 있을까? 전에 들렀던 곳인데도 계속 새로운 느낌을 받으려면 어떻게 해야 할까? 분명히 있어야 할 곳에 있지만 어찌 된 영문인지 자꾸 하품만 나올 때가 더러 있다. 이런 때는 위치를 바꿔보라고 권하고 싶다.

공간상의 위치를 바꾸는 아주 간단한 기술만으로도 깜짝 놀랄 만한 효과를 볼 수 있다. 수업 시간에 나는 학생들에게 매 시간마다 몇 번씩 "교실에서 현재 자신이 있는 위치를 바꾸어보세요."라고 청한다. 그러면 다들 자리에서 일어나 어슬렁거리며 새로운 자리를 찾아간다.

같은 교실 안에서 새로운 위치를 찾아 돌아다니다 보면 마음이 긴장 상태를 유지해 식상함에 빠질 겨를이 없다. 이 방법은 자신의 취향을 고집하려는 경향에서 벗어나는 데에도 좋다.

수업을 시작할 때 나는 학생들에게 "우리가 서 있는 원 안에서 새로운 장소나 다른 관점을 찾아보세요."라고 주문한다. 우리 모두 습관이 얼마나 사람을 무감각하게 만드는지 잘 알고 있다.

일을 하는 장소를 바꾸는 것만으로도 긍정적인 효과를 볼 수 있다. 학창 시절에 선생님이 "오늘은 밖으로 나가 저 커다란 참나무 밑에서 수업하자."라고 말했을 때 얼마나 기뻤는지 기억해보라.

무작위로 위치를 바꾸는 기술을 삶에 적용시키는 방법을 내게 가르쳐준 사람은 화가 친구인 조세핀 랜더였다. 그녀는 함께 점심을 먹는 것과 같은 아주 단순한 활동도 뜻밖의 모험으로 바꾸어놓는 재주가 있었다.

캘리포니아 켄우드에 있는 그녀의 별장은 우리의 학교였다. 우리가 그곳에 묵을 때면 그녀는 매일 식사 때마다 새로운 환경을 조성했다. 해가 현관 베란다 위에 걸린 채 뜨겁게 이글거리면 우리는 피크닉 테이블을 들고 마당을 가로질러 대나무 숲 근처에 갖다 놓았다. 또 저녁이면 떠오르는 달이 아주 잘 보이는 사이프러스나무 근처의 뒤편 테라스로 옮겼다. 우리는 늘 피크닉 테이블을 들고 왔다 갔다 했다. 조세핀은 환경을 보면서 근사한 전망의 이점을 활용하는 법을 잘 알고 있었다. 이러한 변화야말로 순간순간의 아름다움을 포착해내는 즉흥연기의 본보기였다.

★ try this...

장소를 바꾸어보라.
주간 회의 장소를 야외나 커피숍,
지역 박물관 라운지로 옮겨
동료들을 깜짝 놀라게 하라.
의자를 마당으로 옮겨 책을 읽어보라.
일터에서 멀리 떨어진 새 장소에 가서 점심을 먹어보라.

4
오늘 못하는 일을 내일은 할 수 있을까?

......start anywhere

어디서든 시작하기

누구든 단 한순간도 기다릴 필요가 없다는 생각은 얼마나 근사한지!
우리는 지금 당장 시작할 수 있다. 세상을 서서히 바꾸는 일을!
위대한 사람이든 아니든 누구나 정의를 똑바로 세우는 데
기여할 수 있다는 생각은 얼마나 근사한지.
……우리는 늘, 언제나 뭔가를 줄 수 있다. 그저 친절뿐이라 해도!
_《안네 프랑크의 일기》중에서

★ 샌프란시스코의 쓰리포올(3 For All) 소속 즉흥연기자들은 관객에게 제안 사항을 묻는 것으로 각자의 이야기를 시작한다. 왁자한 소음을 뚫고 터져 나오는 한두 마디 제안을 순식간에 받아넘기면서 레이프와 팀, 스티브는 한 치의 망설임도 없이 즉흥연기를 시작한다.

그들은 즉흥연기의 이 중요한 원리를 잘 알고 있다. 즉 어디서 출발하든 다 괜찮다는 것을. 그들은 자신들이 있는 곳에서 시작하며, 종종 중간에서부터 시작하기도 한다.

어디가 시작하기에 좋은 곳인지를 찾는 것은 무의미하다. 큰 임무나 혼란스러운 문제를 접하고 어디서부터 시작해야 좋을지 모를 경우에는 눈앞에 무엇이 놓여 있든 가장 확실한 것부터 시작하면

된다.

적절한 시작점 같은 게 있지 않을까 하는 생각에 바람직한 출발 장소를 찾아 나서게 되면 시간만 허비할 뿐이다. 일과 멀리 떨어져 그 일을 하려면 무엇이 필요한지를 고민할 때는 일이 산만해 보인다. 그러다 일단 일이 진행되면 새롭고도 좀더 현실적인 관점이 생긴다. 문제를 직시할 경우 그 주변에서 안전하게 서 있을 때와 달리 문제의 한복판으로 뛰어들게 된다.

어디서든 시작하라는 원리는 우리를 해방시켜준다. 마음속 깊이 간직해온 꿈이나 부담스러운 임무를 시작할 적기가 따로 있는 것은 아니다.

몇 년 전 주부이자 즉흥연기자인 메리를 도와줄 때의 이야기다. 그녀는 개구쟁이 아이 둘이 피워대는 소란에 도무지 정신을 차릴 수가 없었다. 오죽하면 자신의 집을 가리켜 '재난 지구'라고 표현했을까.

그녀의 어머니는 완벽한 살림꾼이었는데, 메리는 그런 어머니와 자신을 자꾸만 비교했다. 그녀는 자신은 죽었다 깨도 엄마처럼 훌륭한 주부가 되지 못할 것이라는 생각에 사로잡혔.

설거지통에 쌓인 그릇들, 바닥에 굴러다니는 장난감들, 사야 할 물건들, 버려야 할 쓰레기 등 처리해야 할 집안일이 한도 끝도 없었다. 메리는 어질러진 집안을 둘러보며 갈수록 의기소침해졌다.

"어디서부터 시작해야 좋을지 모르겠어."

그녀는 이렇게 푸념을 하면서 뭔가를 하기보다 쌓여만 가는 일거리 한복판에 주저앉아 실패자 같다는 느낌에 휩싸이기 일쑤였다.

나는 자원해서 그녀의 집으로 갔다(그저 모습 드러내기). 강의실에 앉아 이야기를 나누는 방법으로는 문제 해결에 도움이 되지 않는다고 판단했기 때문이다.

내가 온다는 소식에 그녀는 집을 치우기 시작했다. 내가 집에 도착하자 그녀는 걱정과 자부심이 반반 뒤섞인 표정으로 난장판의 현장을 보여주었다.

"보세요. 말씀드린 대로 끔찍하죠?"

현관을 지나 부엌으로 걸어가면서 나는 길 잃은 장난감들을 주워 장난감 바구니에 집어넣었다. 그리고 부엌에 들어가선 얘기를 하면서 청소를 하기 시작했다.

"주위를 둘러보고 눈에 보이는 일을 하세요."

나는 끈적거리는 시리얼 사발을 설거지통에 집어넣으며 이렇게 말했다. 메리는 신문을 치우고, 청소하고, 쓰레기통을 비우고, 우유를 냉장고에 넣기 시작했다. 우리는 우리 앞에 있는 물건들을 치우고 정리하며 계속 대화를 나누었다. 20분도 채 지나지 않아 부엌은 말끔해졌다. 그러고 나서 우리는 거실로 자리를 옮겨 가장 확실해 보이는 일부터 처리했다. 한 시간쯤 지나자 우리는 기본적인 집안일 대부분을 해치웠고, 집 전체가 훤해졌다.

★ try this...

어디서든 시작하자.
처리해야 할 일이 무언지 생각해보자.
책을 내려놓고 처음 떠오른 생각에 따라
그 일을 시작하자.
맨 처음 마음에 떠오르는 일,
그 다음 떠오르는 일의 순서대로
하나씩 처리해 나가자.

* 즉석연설의 기술 활용하기

이 방법은 연설에도 적용된다. 질문에 답하거나 많은 사람들 앞에서 자신의 생각을 얘기할 경우 처음에 떠오르는 말을 사용해 바로 시작해 보자. 자신의 마음을 믿자. 처음 떠오른 생각이 출발점으로서 적합할 때가 많다. 망설이지 말자. 일단 연설을 시작하면 그 다음에 할 말이 생각나기 마련이다.

이 '처음 생각' 방법을 활용하면 우리가 생각을 고르는 것이 아니라 마치 생각이 우리를 선택하는 듯하다. 즉흥연기자는 '좋은 생각'을 찾아 나서기보다 평범한 생각을 좋은 생각으로 발전시키는 데 주력한다.

판단, 기호, 가치관은 처음 생각을 순식간에 몰아낸다. 내 방 창

밖에 있는 나무는 더 이상 그냥 나무가 아니다. 이제 이 아메리카삼 나무는 "바다를 볼 수 없게 내 시야를 가로막는 나무, 이렇게 제멋대로 자라게 놔두어 나의 집중력을 방해하게 만드는 몰지각한 이웃을 생각나게 하는 나무"다.

우리는 처음 떠오른 생각을 밀쳐내는 경향이 있다. "고리타분한 생각이야." "마음에 들지 않아." "너무 뻔해." "다른 사람이 이미 했던 말이잖아." "너무 막연해." 등등. 우리 마음이 무엇을 내놓든 상관없이 우리는 이렇듯 쉽게 마음에 빗장을 건다. 그러한 유혹에 넘어가선 안 된다. 귀중한 첫 생각을 붙잡아 칭찬해주라. 곧 이런 방법이 자연스레 몸에 밸 테니.

작가는 자신이 이미 알고 있는 내용을 떠올리며 하고자 하는 말을 찾기 위해 글을 쓴다. 연설의 경우에도 마찬가지다. 즉 하고 싶은 말을 찾기 위해 말하는 것이다. 말을 하면서 쉴 새 없이 날아다니는 생각을 깎고 다듬고 새로운 쪽으로 방향을 잡아 나간다. 훌륭한 연설가는 연설을 하면서 이러한 편집자의 역할도 훌륭하게 소화해낸다.

내가 학생들에게 즉흥연기를 가르치고 있다는 소식을 듣고 산호세 주립대학교의 경영학과 모 교수는 이렇게 말했다.

"내가 보기엔 해결책이라기보다 문제를 하나 더 떠안는 셈이 될 것 같은데요. 요즈음 학생들은 생각하고 말하기보다 허튼소리나 툭툭 내뱉으니까요. 나는 학생들에게 이렇게 얘기합니다. 아무렇게나 말하지 말고 조리 있게 말하라고요. 귀중한 인터뷰 시간을 잡담에 할애할 수는 없지요."

그의 요지를 이해는 하지만 아무래도 그는 내가 말하는 즉흥연기의 의미를 파악하지 못했던 듯하다. 우리의 집중력을 현재의 순간에 붙잡아두면서 질문과 대답의 조화를 꾀하는 즉흥연기는 절대 '허튼소리'가 아니다. 즉흥연기의 일환인 즉석연설은 원고 없이도 논점을 잘 전달할 수 있게 해준다.

원고를 그냥 읽게 되면 이중의 궁지에 빠지기 쉽다. 첫째, 말을 더듬거나 정확한 표현을 잊어버려 주저할 가능성이 높다. 둘째, 질문에 올바로 대답하지 못할 가능성이 높다. 어떤 질문이 나와도 사전에 작성한 연설 원고대로만 대답하는 정치인을 생각해보라.

즉흥연기는 혼돈에서 질서를 만들어내는 데 초점을 맞춘다. 비유하자면 예술가의 일이라기보다 엔지니어의 일에 더 가깝다.

즉석에서 연설을 할 경우 나는 현재 의미 있는 대답을 만들어내려고 노력한다. 이 경우 표현 자체는 편집된 대답에 비해 정확성이 떨어질지 몰라도 신선함과 신빙성이 돋보인다는 가치가 있다. 우리 모두 판에 박힌 연설이 어떻게 들리는지 잘 알고 있다. 즉석에서 하는 연설이 사전에 준비된 연설보다 늘 더 재미있을 뿐만 아니라 흡인력과 설득력도 더 강하다.

즉석연설의 원리를 활용한다면 전달 능력을 끌어올릴 수 있다. 정확한 언어로 노트에 무슨 말을 할지 적기보다 스스로에게 던지는 질문을 써내려가 보자. 그런 다음 자연스러운 어조로 질문에 하나씩 대답해보자. 여기 두 가지 종류의 연설문이 있다.

* 사전에 준비된 연설 원고

오늘 이렇게 로터리 클럽 여러분 앞에서 연설할 기회를 주신 위즈업 씨께 감사드립니다. 우선 제가 즉흥연기를 가르치게 된 경위를 말씀드릴까 합니다. 1979년이었습니다. 당시 저는 태극권을 배우고 있었습니다. 저의 태극권 스승 충량 알 황 선생께서 캐나다의 즉흥연기 교사 키스 존스턴 교수를 초청해 저희와 함께하는 자리를 마련했습니다. 연극을 가르치는 사람으로서 저는 존스턴 교수의 개념에 특히 관심이 끌렸습니다. 그후 저는 스탠퍼드에서 제가 진행하는 연기 수업에 그분의 놀이와 이론을 적용하기 시작했습니다. 학생들은 제가 가르치는 놀이를 좋아했고, 이런 식으로 연기에 접근하는 과정을 통해 일종의 자유를 누리는 듯했습니다.

* 즉석연설 원고

1. 누가 나를 이곳에 초대했는가? 나는 누구에게 감사해야 하는가?
2. 나에게 즉흥연기를 소개해준 사람은 누구인가? 언제인가?
3. 내가 처음 즉흥연기를 가르치기 시작한 때는 언제인가?
4. 스탠퍼드에서 즉흥연기가 특히 유용했던 이유는 무엇인가?

이런 질문 방법을 활용하면 순간순간에 맞게 세부사항을 추가하거나 개발하기도 쉽다. 반면 미리 쓴 원고에 의존할 경우 뭘 추가하기가 어려워진다. 나도 모르게 준비된 원고를 제대로 읽는 데에 역점을 두기 때문이다. 하지만 두번째 방법을 사용하면서 질문에 답할 경우 나의 마음은 현재 순간의 정보를 조직하느라 활기를 띠게 된다. 결과는 훨씬 더 자연스럽다.

몇십 년 전 웨인 주립대학교 대학원에 다닐 때 나는 당시 구두 해석이라고 불렸던 분야의 수업 네 개를 신청했다. 수업 주제는 각각 산문, 운문, 성경, 셰익스피어였다.

수업을 듣기 전에 나는 문학 양식의 차이를 다루는 다양한 기술을 배우는 줄 알았다. 하지만 수업 시간마다 교수는 단 한 가지 가르침만 주었다.

"나한테 말해보세요." "그 시를 가지고 나한테 말해보세요." "이 사야서의 그 문단을 가지고 나한테 말해보세요." "그 단시를 가지고 나한테 말해보세요." "그냥 나한테 말해보세요."

학생들의 발표가 장광설이나 웅변조로 들릴 때마다 스키너 교수는 발표를 중지시키고 친절한 목소리로 이렇게 일깨워주었다.

"웅변을 하라는 게 아닙니다. 평상시에 얘기하듯 자연스럽게 얘기하세요."

결코 쉬운 일이 아니었다. 평상시의 어조가 자연스럽고 전달력도 높다. 글을 읽을 때의 어조는 이와는 차원이 다르다. 고도의 훈련을 받은 배우만이 대본에 적힌 대사를 평상시에 얘기할 때처럼 자연스럽게 들리는 말로 바꿀 수 있다.

자신의 마음을 믿고 이제부터 즉석연설을 활용해 보자.

★ try this..

짧은 독백으로 즉석연설에 도전해보자.
생각이 가는 대로 따라가보자.
스스로에게 이런 질문을 던지고 그것에 대해 얘기해 보자.
"하루에 네 시간이 더 늘어난다면 그 시간을 어떻게 보내겠는가?"
"최근에 본 아름다운 것에 대해 말하라."

5
새벽 4시 같은 삶

......be average

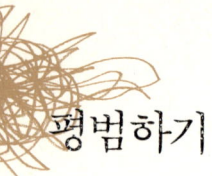
평범하기

두 달 전 한 워크숍에서 몇 명의 뉴욕 사람들에게 침묵을 주제로 얘기를 했더니 다들 너무 안도했다. 그 자리에 나온 사람들은 모두 늘 긴장하면서 똑똑하게 굴어야 한다는 데 질려 있었다. 그 사람들은 꿈꿀 시간을 원했다.
30분 동안만 입을 다문 채 동네를 산책해보라.
_ 나탈리 골드버그의 《작가 노트의 핵심The Essential Writer's Notebook》 중에서

★ 전력투구는 대개 역효과를 낳는다. 모순처럼 들리겠지만 지나친 노력은 실망스런 결과로 이어질 때가 많다. 부담감을 내려놓아야 한다. "더 좋을수록 좋다거나 독창적이어야 한다는 사고 틀에서 벗어나야 한다.

최선을 다하려고 애쓸수록 오히려 결과가 나쁠 때가 많다. 어떤 경우를 막론하고 뭔가는 반드시 놓치기 마련이다. 완벽주의는 긴장과 불안을 야기한다. 대신 다음의 충고를 따르려고 노력하자.

"멍청해지라."(키스 존스턴)

"특별하게 굴지 말라."(데이비드 K. 레이놀즈)

"평상심을 기르라."(선 속담)

이러한 원리는 언뜻 간단해 보일지도 모르겠지만 그 효과를 과소평가해선 곤란하다. 기대치를 낮추면 부담감에서 놓여날 수 있을 뿐만 아니라 기분까지 끌어올릴 수 있다.

《근본적 현존 Radical Presence》의 저자 메리 로즈 오레일리는 완벽주의에서 벗어나는 아주 좋은 사례를 소개한다.

"시인 윌리엄 스태퍼드는 매일 아침 4시에 일어나 시를 썼다. 하루는 누군가가 그에게 이렇게 말했다. '매일 좋은 시를 쓸 수는 없잖나. 그럴 때는 어떻게 하나?' 그러자 시인은 대답했다. '물론 그땐 내 기준을 낮추지.' 이 일화에는 아주 중요한 교훈 세 가지가 담겨 있다. 글쓰기 훈련은 매일 거르지 말고 해야 하며, 기준을 낮추고, 자신의 안일한 현실 인식을 자극할 만한 시간이나 장소나 태도를 갖추라는 것이다. 새벽 4시 같은."

금융 분석가인 새뮤얼에게는 이 좌우명이 구세주와도 같았다.

"초과 근무도 모자라 밤을 새우면서까지, 지금 보니 지나쳐도 너무 지나치다고밖에 할 수 없는 기준에 맞추어 보고서를 작성하느라 몇 년째 스스로를 고문해왔지 뭡니까. 늘 완벽해야 한다는 강박 때문에 고치고 또 고치느라 뭘 제대로 끝내본 적이 없었던 것 같아요. 평범해지라는 선생님 충고는 제겐 계시였습니다. 지금도 똑같은 일을 하고 있긴 하지만 죽을 만큼 초조해하는 수준은 벗어났습니다. 정말 좋아졌고, 앞으로 점점 더 좋아질 겁니다."

2003년 NFC 플레이오프전은 필드 골을 노리고 던진 공이 결정했다. 이 플레이 하나에 승패가 판가름 났다. 『샌프란시스코 크로니클』은 스포츠란에서 어이없는 실수로 코앞에서 득점 기회를 놓친 뉴욕 자이언츠의 센터 트레이 전킨의 말을 다음과 같이 인용했다.

"반드시 잘해내야 한다는 생각에 완벽하게 던지려고 노력했다."

그가 완벽하게 던지려고 노력하지 않고 평소처럼만 공을 던졌나면 NFC 챔피언십은 물론 슈퍼볼까지도 뉴욕 자이언츠의 차지가 되었을지 모른다.

완벽주의를 포기하는 것이 첫번째 단계다. 그러고 나면 뭔가 색다른 것을 보여주려는 시도로부터 자유로워져야 한다. 독창적인 생각을 내놓으려고 애쓸 경우 평범한 일상의 지혜를 놓치는 데 그치지 않고 창의력을 완전히 봉쇄해버리는 결과를 초래할 수도 있다.

'틀을 벗어나' 생각하는 것은 곧 참신하고 남다른 생각을 추구하는 것을 의미한다는 믿음이 널리 퍼져 있다. 하지만 이 표현은 그전까지는 보이지 않았던 것을 본다는 뜻으로 이해하는 것이 옳다.

"진정한 발견이란 새로운 땅을 찾아 나서는 것이 아니라 새로운 눈을 갖는 것이다."

마르셀 프루스트의 말이다.

명백한 것을 보려는 노력은 어려워 보이는 문제에 접근하는 길을 열어준다. 아무리 어려운 도전도 평범한 일처럼 생각하는 기술이 필요하다. 키스 존스턴은 이렇게 썼다.

"누구나 널빤지 위를 걸어갈 수 있지만 그 널빤지가 깊이조차 헤아리기 힘든 심연 위에 놓여 있다면 두려움이 우리를 붙잡고 놓아주지 않을 것이다. 우리에게 최선의 전략은 그 심연을 대수롭지 않게 여기고 평소처럼 건너는 것일지도 모른다."

자연스러운 것을, 쉬운 것을, 자신의 눈에 분명해 보이는 것을 하라. 우리의 독특한 시각이 다른 사람에게는 계시처럼 새로울 수도 있다.

상자를 열고 안에 무엇이 있는지 들여다보라고 했던 연습문제를 기억하는가? 나는 스물다섯 명의 학생들과 함께 똑같은 크기의 상상 속 신발 상자를 열어보았는데, 결과가 흥미롭다.

대개 스물다섯 명의 학생 모두 각기 다른 선물을 꺼낸다. 우윳빛 전구, 벽돌, 카드 세트, 나무 피리, 살아 있는 쥐, 커피 여과지 한 묶음, 다이아몬드 목걸이, 손으로 뜬 스웨터, 옛날 동전들, 운동화, 조가비, 중고 CD, 장난감 호루라기, 새끼 고양이, 삶은 달걀 세 개, 손전등 등등. 때로 한두 명의 학생이 똑같은 물건을 발견하기도 하지만 그 경우에도 디자인이나 제조사가 다르다.

이처럼 우리 각자의 시각은 이미 독특하다. 잉그리드 버그먼은 "너 자신이 되라. 세상은 독창적인 것을 찬미한다."라는 말로 이 원리를 분명히 이해했다는 점을 보여준다.

소프트웨어 디자이너인 아론도 이러한 통찰력에 눈을 떴다.

"전에는 괜찮은 생각을 발견하기에 앞서 제 생각을 수없이 검열하곤 했습니다. 지금은 제품의 사용자 인터페이스를 디자인할 때, 확실한 것을 먼저 봅니다. 제품 개발 회의에 참석해 제가 생각하기에 가장 확실해 보이는 것을 말하면 디자인 책임자들은 고개를 갸우뚱거리며 이렇게 말합니다. '우린 왜 그 생각을 못했지?' 제 아이디어가 좋다는 뜻이지요. 전에는 똑똑하거나 혁신적인 것을 찾는 데 주안점을 두었습니다. 그러느라 제 앞에 있는 올바른 것을 놓치기 일쑤였지요.

이 방법은 말하기에도 적용된다. 자신에게 자연스러워 보이는 말씨와 표현을 사용하는 것이다.

나의 할머니는 타고난 즉흥연기자셨다. 한번은 신문 부고란을 훑어 내리다가 심각하게 고개를 내저으며 한숨 섞인 목소리로 이렇게 말씀하셨다.

"전에는 죽지 않았던 사람들이 오늘은 죽어가고 있구나."

할머니는 우리가 터뜨리는 웃음에 깜짝 놀라 고개를 들었다. 할머니는 즉흥의 삶이 몸에 밴 분이셨다. 늘 유쾌한 대답과 격려가 되는 말을 찾아내셨다. 할머니는 자신이 본 대로 생각을 표현하는 재능이 특출했다.

우리는 저마다 각기 다른 방식으로 세상을 바라본다. 우리는 자신의 관점이 가치 있다는 점을 믿고 독창적인 것을 좇으려는 노력을 접어야 한다. 우리는 이미 독창적이다.

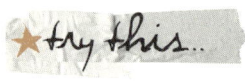

친구나 사랑하는 사람에게 줄 선물을 찾고 있는가?
특별한 선물을 찾으려 하지 말고
매일 사용하는 평범한 물건

(베개나 시리얼 그릇, 찻잔, 수건, 펜, 탁상시계, 실내화, 담요, 주방용 칼, 달력, 질 좋은 커피 등)을 생각하자.
좋은 선물이 될 만한 유용한 일상용품 목록을 만들어 활용해 보는 것은 어떨까?

6

너무 소중해서 소홀했던 것들

......pay attention

관심 가지기

내가 뭔가 귀중한 발견을 했다면 그것은 그 어떤 재능보다도
끈질기게 관심을 기울이는 능력 덕분이다.
_ 아이작 뉴턴

★ **당신의 관찰력은 어느 정도인가?** 얼마만큼 집중하고 얼마만큼 기억할 수 있는가? 이러한 기술은 즉흥연기의 핵심이다. 우리가 주목하는 것이 우리의 세계가 된다. 주변에서 일어나고 있는 일들에 관심을 기울이자. 눈을 크게 뜨고 자세히 들여다보자. 실제로 일어나고 있는 일에 주목하자. 모든 것에 관심을 가지자.

아주 오래된 선문답 가운데 현자에게 삶의 의미를 묻기 위해 높은 산을 오르는 학생에 관한 이야기가 있다. 현자는 삶에는 세 가지 비밀이 있다고 대답한다. 그중 첫째가 관심이다. 긴 이야기를 짧게 하자면, 그 학생은 산꼭대기까지 힘든 여행을 두 번 더 하고 나서 두번째 비밀도 세번째 비밀도 역시 관심이라는 점을 배우게 된다.

삶은 관심이다. 우리가 무엇에 관심을 기울이느냐가 곧 세상을

경험하는 방식을 결정한다.

우리는 보통 우리 자신에, 다시 말해 우리의 문제와 욕구, 두려움에 초점을 맞춘다. 우리는 인생의 절반을 깨어 있는 가운데 반추하면서, 즉 생각하고, 계획하고, 걱정하고, 상상하면서 머릿속에서 살아간다. 하루하루가, 귀중한 순간순간이 우리 앞에서 펼쳐진다. 우리는 얼마나 많은 것을 놓치고 있을까? 거의 모두다.

오늘 아침 잠자리에서 일어나 맨 처음 한 일이 무엇인가? 부엌 싱크대 위에 어떤 물건들이 놓여 있는가? 마지막으로 대화를 나눈 사람은 누구인가? 그 사람이 무슨 얘기를 했는지 기억할 수 있는가?

활력이 넘치는 스무 살의 대학생 도밍고는 에이전트를 구하러 로스앤젤레스에 갔다가 방금 돌아왔다. 사실 그는 배우 지망생이었다. 도밍고는 집중력 훈련을 통해 깊은 깨달음을 얻었다. 어느 날 그는 수업이 끝나고 남아 내게 이렇게 말했다.

"어제 아침에 잠에서 깨어나 침대에 누운 채로 창 밖에서 지저귀는 새소리에 귀를 기울였어요. 새들이 노래하는 멜로디가 실제로 들렸어요. 나무 위에 잎사귀들이 새로 파릇파릇하게 돋아났다는 데에도 주목했죠. 제 주변 곳곳에서 삶이 일어나고 있었고, 전 처음으로 삶을 보고 있었어요. 눈이 완전히 새롭게 달라진 듯했어요. 전에는 한 번도 보지 못했던 일들이 세상에는 너무 많아요. 관심의 기적에 눈을 뜨면서부터 제 삶이 달라졌어요."

도밍고의 깨달음은 시각의 변화에서 비롯되었다. 평소에 그의 마음은 자기 자신에게 초점이 맞춰져 있었다. 자신의 바깥을 보기 시작하면서 그의 경험은 활짝 꽃피었다.

자기 몰두와 반추의 악순환에 갇힌 관심이 방향을 밖으로 돌릴 경우 아주 큰 효과를 볼 수 있다. 우리가 어디를 보고 있느냐가 차이를 만든다.

무대 위의 즉흥연기자가 대단해 보이는 이유는 여기저기서 불쑥불쑥 튀어나오는 말에 계속 관심을 기울이면서 관객 대부분이 잊어버렸을 때 이를 기억해내기 때문이다. 이것이야말로 즉흥연기 기술의 진정한 마술이다.

이름을 기억하는 것도 그런 사례에 속한다. 나는 학생들에게 처음 듣는 순간 이름을 기억할 수 있도록 특별히 노력하라고 가르친다. 사람들은 내게 늘 이렇게 말한다.

"전 이름을 기억하는 데에는 영 소질이 없어서요."

"처음 듣는 순간 이름을 기억하라니 말도 안 돼요."

그럼 나는 이렇게 대답한다.

"여러분은 어쨌든 스탠퍼드에 들어왔잖아요. 여러분은 원소 주기율표는 외우잖아요. 여러분은 전화번호 수십 개, 비밀번호 수십 개, 노래 가사 수십 개를 알고 있잖아요. '이름을 기억할 수 없다'는 건 거짓말일 뿐이에요. 노력도 해보지 않고 할 수 없다고 생각하는 건 옳지 못해요."

이름을 기억하는 능력은 집중력의 문제이고 조금만 노력하면 된다. 그런데도 머리 좋은 사람들까지 그런 능력은 원래 타고나지 않으면 안 되는 유전적인 특징이라도 되는 듯 행동한다.

이름을 처음 듣는 순간 큰 소리로 여러 번 그 이름을 반복해서 말하라. 그 사람을 똑바로 쳐다보라. 이름을 올바로 발음하고 있는지, 이름과 그 이름 주인의 얼굴을 제대로 연결했는지 확인하라. 가능하다면 이름을 적어보라. 큰 소리로 말하는 데 그치지 말고 속으로 조용히 그 이름을 말하라. 그러고 나서 상대방에게 다시 물어보라. 그 이름이 마음속에 완전히 박히려면 여러 번 되풀이해야 할지도 모른다.

이름을 다시 물어봐야 할 경우 당혹스러운 순간을 경험하게 될지도 모른다. 그런 경험 때문에 머뭇거려선 안 된다. 대부분의 사람들은 상대방이 자신의 이름에 관심을 보인다면 기뻐한다. 이름에 주목하고 기억하는 사람이 되려고 결심하라. 그러고 나서 이 방법을 배우기 시작하라.

내가 이런 훈련을 시작하게 된 것은 아주 오래전으로 거슬러 올라간다. 그러니까 처음으로 강단에 설 때였는데, 사람들 앞에서 강의를 해야 한다는 부담감을 내려놓으려면 뭔가 건설적인 노력이 필요했다.

보통 나는 분기마다 강좌 다섯 개를 맡았다. 강의 첫날 학생들의 이름을 모두 외우려고 노력했는데, 한 강좌에 30명의 학생이 수강할 때가 많았다. 나는 학생들에게도 나처럼 해보라고 주문했다. 많은 학생이 눈을 굴렸지만 우리는 함께 그런 시도를 했다.

첫 학기가 끝날 무렵 한 학생이 자원해서 교실에 있는 사람들 모두의 이름을 부르는 데 도전해 성공했다. 곧 교실 전체에 박수갈채가 울려 퍼졌다. 비록 그 자리에 있는 사람들 중 절반의 이름만 맞춘다 해도 누군가가 그런 도전에 나서서 나름대로 애쓰는 모습을 지켜본다는 것은 흐뭇한 일이다.

이름을 익힌다는 것은, 다시 말해 같은 공간에 있는 다른 사람에게 주목한다는 것은 즉흥연기자가 길러야 하는 마음의 습관 중 기본에 속한다. 수업 첫날에 동급생 가운데 절반의 이름을 익힌다고 생각해보라!

나는 한 의사로부터 "선생님 수업 시간에 배운 아주 유용한 가르침 덕분에 이제는 이름을 기억할 수 있는 사람이 되었습니다. 전에는 시도할 꿈도 꾸지 못했는데 말입니다."라는 내용의 이메일을 받았다. 이러한 노력은 평생 도움이 되는 귀중한 습관을 길러준다.

즉흥연극 공연에서 한 연기자가 방금 깨끗이 문질러 씻었다는 표시로 두 손을 치켜들고 무대에 오른다. 곧이어 인턴이 가세해 이렇게 말한다.

"브래들리 박사님, 산모가 쌍둥이를 낳을 거라면서요?"

"그래, 마크. 그리너웨이 부인이 산기가 있어. 가보자구."

간호사 역을 맡아 무대에 등장하는 여배우는 이제 세 사람의 이름, 즉 주치의인 브래들리 박사, 인턴 마크, 산모 그리너웨이 부인의 이름을 알아야 한다. 기회가 닿을 때마다 이름을 반복해서 말하는 것이 좋다. 이는 실제 삶에서도 마찬가지다.

자신의 이름을 소개할 때는 또렷하게, 성가셔하지 말고 여러 번이 돼도 기꺼이 상기시켜주는 것이 중요하다. 상대방이 이름을 잘

못 알거나 잊어버릴 경우 기억할 수 있도록 그 사람을 도와주라.

직원들이 착용하고 있는 이름표에 눈길을 고정하는 것도 좋은 훈련이다. 이름표를 보면 일단 읽으라. 이름을 익히고 나면 기회를 봐서 큰 소리로 말하라.

요즘에는 손님이 신용카드를 내밀면 점원이 손님 이름에 주목하면서 정중하게 이렇게 말하는 것이 보통이다.

"저희 세이프웨이를 찾아주셔서 감사합니다, 매드슨 부인."

오늘은 이름 암기를 시작하기에 좋은 날이다.

★ 집중력 테스트

당신의 집중력 수준은 어느 정도인가? 시선을 책에 고정하고 '눈을 감으라'라는 지시가 나올 때까지 계속 읽어 내려가라. 눈을 감고 나면 당신을 둘러싼 주위 모습을 최대한 자세하게 묘사하라. 벌써부터 힐끔 둘러보거나 방을 눈여겨 살펴선 안 된다. 눈을 감고서 방에 있는 특별한 물건에 집중하라. 물건의 색깔, 모양, 방의 구조를 기억나는 대로 최대한 자세히 묘사하라. 더 이상 생각나는 게 없을 때까지 계속 눈을 감고 있으라. 모든 걸 떠올렸다면 눈을 뜨라.

이제, 눈을 감으라.

자신이 묘사한 내용이 현실과 어느 정도 일치했는가? 분명히 있는데도 놓친 물건은 무엇인가? 눈을 떴을 때 무엇에 놀랐는가?

주변을 둘러보라. 전에는 주목하지 못했던 물건 세 개를 찾으라. 현실은 질감, 색채, 정보 면에서 풍부하다. 원래 관찰력이 뛰어나다면 이 훈련은 자세한 것을 더 많이 볼 수 있도록 도와줄 것이다. 관찰력이 별로 좋지 않다면 이 훈련은 사물을 좀더 신중하게 관찰하도록 자극해줄 것이다.

어떤 물건에 대해 잘못 판단하고 있지는 않았는가?

"벽시계가 소파 위에 걸려 있는 줄 알았는데."

"카펫이 분명히 푸른색이었는데."

아마도 당신의 마음은 방에 대해 자세한 사항을 덧붙였거나 정보를 완전히 새로 만들어냈을 가능성이 높다. 우리의 마음은 종종 사실과 다른 기억으로 채워진다. 집중력을 향상시키고 싶다면 이 훈련을 자주 하라.

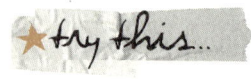

무언가 새로운 것에 주목하자.
익숙한 환경에 있거나 일상 활동을 할 때
늘 그 자리에 있는데도 보지 못했던 것이 무엇인가?
그런 것을 발견했다면 주의 깊게 관찰해보자.
시간을 달리해 똑같은 장소에서 이 훈련을 반복해서 해보자.
같은 장소에 다시 가거나 같은 일을 다시 할 때마다
'무언가 새로운 것에 주목하도록' 자신을 활짝 열자.

* 듣는 능력 기르기

 우리는 특히 우리가 잘 아는 사람일수록 그 사람 얘기를 건성으로 듣는 것이 보통이다. 건성으로 듣는 습관에 우리는 너무도 많이 길들여져 있다. 하지만 이러한 습관은 얼마든지 고칠 수 있다.

 하루에 한 번씩 자신에게 말을 거는 사람에게 100퍼센트 집중해 보자. 그 사람의 말에 완전히 몰입하고 귀를 기울이면서 그 사람을 쳐다보라. 상대방의 말을 다시 그대로 완벽하게 옮겨놓을 필요가 있기라도 한 듯 열심히 귀 기울이고 이러한 노력이 어떤 보상으로 돌아오는지 관찰해 보자.

 브렌다 울랜드는 자신의 책에서 다음과 같이 묘사하고 있다.

 평정을 배우도록, 매일매일 현재라는 시간 속에서 살도록 노력하라. 때로 스스로에게 이렇게 말해보라.
 "지금, 바로 지금 무슨 일이 일어나고 있지? 이 친구가 이야기하고 있다. 나는 입을 다문다. 끝없는 시간이 있다. 나는 한 단어 한 단어를 빠짐없이 듣는다."
 그러고 나면 갑자기 사람들이 하는 말뿐만 아니라 하려고 애쓰는 말까지 들리면서 그들을 둘러싼 진실 전체가 인식되기 시작한다.

 다른 사람들을 유심히 관찰하고 은밀히 활동하는 인류학자가 되어보자. 그들의 이름과 얼굴을 주의 깊게 살피고 그들이 하는 말을 귀담아 들어보자. 사람들은 어떤 하루를 보내고 있을까. 단골 가게나 사무실에 들러 직원들에게 새로운 점은 없는지 살펴보자. 자신에게 가장 가까운 사람들을 매일 새로운 눈으로 바라보자.

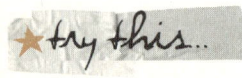

동네로 15분 정도 산책을 나가라.
다른 행성에서 방금 이곳에 도착했다고 상상하라.
시각, 청각, 촉각, 미각, 후각 등 오감을 모두 사용하라.
주변 환경 가운데 놀라운 점은 무엇인가?
특별히 아름답거나 눈길을 끄는 점은 무엇인가?
쓰레기 줍기, 떨어진 쓰레기통 뚜껑 다시 올려놓기, 잡초 뽑기 등 이곳 주변에서 해야 할 일은 무엇인가?

7 주어진 현실에 눈을 감을 때

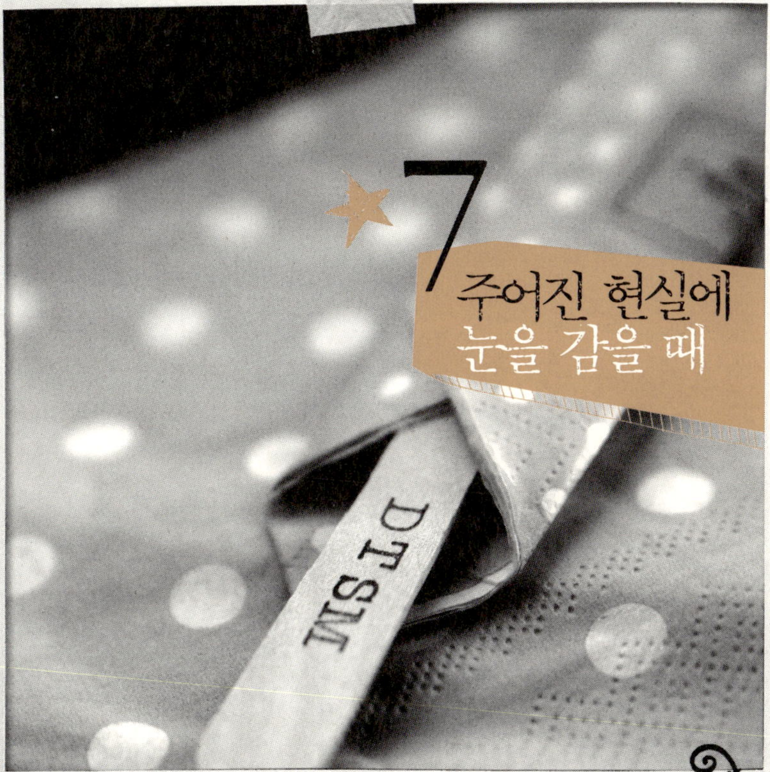

09847007348 POLAROID

......face the facts

사실 직시하기

탁월한 성취를 이루어내려면 무엇보다도 매일의 현실을 이해해야 한다. 그 모든 요구와 절망의 가능성을 염두에 두고서.
_ 미하이 칙센트미하이의 《몰입의 즐거움 Finding Flow》

★ 무대에 올라 즉석에서 지어낸 이야기를 펼쳐보이기 시작할 때 일리사와 제니퍼는 현실적인 대화에 의지한다. 제니퍼가 "개가 참 멋지군요."라는 말로 상황을 시작하면 일리사는 "예, 수상의 영광에 빛나는 달마티아종이죠. 사냥을 좋아한답니다."라는 식의 처음 제안을 뒷받침하는 말로 대화를 이끌어 간다. 일리사의 대답은 제니퍼의 제안을 그저 받아들이는 데 그치지 않고 발전시킨다는 점에서 훌륭하다.

즉흥연기자는 서로 협조해 자연스러운 연기를 선보이기 위해 똑같은 현실로 들어가야 한다. 즉흥연기자는 상황을 둘러싼 사실을 설정하고 사물을 있는 그대로 받아들여야 한다. 간단히 말해 즉흥연기자는 현실적이어야 한다.

사실을 직시하는 것은 '예스'라고 말하는 중요한 원칙에서 출발한다. 즉흥연기자는 맨 처음 예스라고 말하고 나서 주어진 상황에 맞추어 연기를 펼친다. 예스라고 말하는 것은 상대방이 건넨 사과를 한 입 베어 무는 것과도 같다. 사실을 직시한다는 것은 사과를 씹으면서 우리 몸에 양분을 보낸다는 뜻이다. 주어진 상황을 활용하고 발전시킨다는 의미이다.

일본어에선 이러한 원리를 '아루가마마'라고 표현한다. 이 말은 사물을 '있는 그대로' 받아들이는 미덕을 의미한다. 다시 말해 삶에 대한 현실적인 접근이자 삶의 물음에 기꺼이 응답하려는 태도다. 이러한 태도는 즉흥연기자에게 필수요소일 뿐만 아니라 일상의 삶에서도 훌륭한 지침 역할을 한다.

현실에 눈을 감을 경우 그 순간부터 불행으로 이어지는 길이 기다리고 있다. 우리는 현실을 외면한 채 체중이 늘어나지 않기를 바라면서 감자 칩을 먹거나, 청구서 발송이나 지불을 차일피일 미루거나, 건강에 좋지 않은 생활 습관에 길들여지거나, 제품 설명서의 경고 사항을 무시하거나(또는 아예 읽지 않거나), 배우자의 단점에만 주목하면서 상대방에게 우리의 방식을 강요하는 데 시간을 보낸다.

상황이 달라지기를 바라는 것은 시간 낭비일 뿐이다. 즉흥연기자는 비현실적인 생각에 시간을 할애할 여유가 없다.

즉흥연기자는 바위가 많은 지형에 다리를 놓고 레몬을 레모네이드로 바꾼다. 즉흥연기자는 현실과 거리가 먼 것에 자꾸만 빠져들려는 유혹을 한쪽으로 치우고 자기 앞에 실제로 놓여 있는 것에 주목한다.

메건은 성공한 기업 변호사였다. 그녀는 법정에서의 기술을 연마하기 위해 즉흥연기 수업을 듣기 시작했다. 어느 월요일 밤 그녀는 수업이 끝나고 남아 내게 조언을 구했다.

"즉흥연기가 제 문제를 해결하는 데 과연 도움이 될지 잘 모르겠어요."

그녀는 이렇게 말문을 열었다.

"전 뭐든 미루길 잘한답니다. 청구서 발송도 늘 뒤로 미루죠. 저의 그런 습관 때문에 제 법률 파트너인 남편은 물론 고객들도 불안해해요. 어째서 이런 문제가 일어나는지 근본 원인을 파헤쳐야겠다는 생각이 들어요."

그러고 나서 그녀는 물었다.

"어째서 전 늘 미루는 걸까요? 이런 버릇을 고치는 데 즉흥연기가 과연 도움이 될까요?"

메건은 현실과 싸우고 있었다. 그녀는 그 일을 싫어했고 이를 필요한 일을 하지 않는 데 대한 변명으로 늘어놓고 있었다. 스스로를 잘 미루는 사람이라고 규정한 데서 그녀가 현실을 회피하고 있다는 인상을 떨칠 수 없었다. 청구서 발송은 그녀가 싫어하든 좋아하든 반드시 처리해야 할 일이었다. 그녀가 현실을 직시하고 고객들에게 제때에 청구서를 발송하기 시작한 순간 그녀는 더 이상 미루는 사람이 아니게 되었다.

다른 사람이 달라지기를 바라는 것 또한 현실을 회피하는 또 다른 방법이다. 다른 사람들의 행동은 종종 나의 신경을 거스른다. 나는 다른 사람들이 다르게 행동하기를 희망한다. 물론 그들은 대개 다르게 행동하지 않는다. 나는 이 차이를 받아들이고 계속 즉흥연기를 해야 한다. 즉흥연기자는 다양한 스타일의 동료 연기자와 협력하는 가치를 인정하고 다른 사람을 변화시키고 싶어하는 충동을 억누른다.

마이런은 성격이 상당히 뚱한 편이었다. 그는 좀처럼 웃는 법 없이 날카로운 눈초리로 사람을 뚫어지게 쳐다보면서 대부분의 상황에 말도 안 되는 반응을 보였다. 그는 늘 시간을 엄수했다. 그는 역할을 자청해서 맡고 나설 때가 많았지만 우리 극단의 그 누구도 그와 함께 연기해야 하는 상황을 좋아하지 않았다. 단원 대부분이 내가 그를 처음에 단원으로 뽑은 이유를 궁금해하는 눈치였다.

어느 날 단원 몇 명이 '마이런을 어떻게 할 것인지'를 놓고 의논을 하게 되었다. 나는 그를 있는 그대로 받아들이고, 그에게 관심을 가지고, 그가 주인공으로 나오는 이야기를 시작하고, 우리가 존경하는 동료 연기자를 대할 때와 똑같은 존경과 협조로 그를 대하자고 제안했다. 한마디로 그의 성격에 관한 불평은 한쪽으로 치워두고 그가 탁자에 꺼내놓는 제안과 아이디어를 중심으로 생각하자는, 즉 있는 그대로의 그를 인정하자는 제안이었다.

사람들이 잘 대해주자 마이런의 반응도 몰라보게 좋아졌다. 그는 표정이 밝아졌고, 단원들도 그런 변화를 금세 알아차렸다. 좋아하는 사람들을 잘 대하기는 쉽다. 훌륭한 즉흥연기자의 특징은 함께 어울리기 어려운 사람들도 능숙하고 친절하게, 정중하게 대하는 능력이다.

나 역시 사실에 눈을 감을 때가 더러 있다. 골치 아픈 상황이다 싶으면 외면해 버린다. 경우에 따라선 체중 확인을 위해 저울 위에 올라가는 일을 미루면서 헐렁한 옷만 입기도 한다. 확실한 것을 피해가기란 얼마나 쉬운가. 현실을 직시한다는 것은 눈을 계속 크게 뜨고 있다는 뜻이다.

자신의 삶에서 관심을 가질 필요가 있는 사안이나 상황(개인적으로 힘든 도전이나 일 문제)을 떠올려보고 어떤 사실들이 있는지 하나하나 짚어 나가면서 사안을 자세히 묘사해 보자. 이 때 판단이나 비판, 또는 감정을 개입시켜선 안 되며 간단하고 명쾌한 문장을 사용하는 것이 좋다.

이제 모든 사실을 고려했을 때 당신이 해야 할 일이 무엇인가? 행동 계획을 짜고 각각의 단계를 읽어보자. 그러고 나서 첫번째 단계에 들어가자. 여기 루이스가 쓴 사례가 있다.

★ 사실 진술

"루이스는 몸무게가 많이 나간다."

2004년 4월 23일 몸무게가 78킬로그램이다. 내 키는 171센티미터다. 주치의인 윈스턴 박사는 내 키에 정상 체중은 63~68킬로그램이라고 귀띔했다. 따라서 보수적인 시각에서 보더라도 나는 10킬로그램이 더 나간다. 지난 10년 동안 해마다 조금씩 꾸준히 불어났다. 뭔가 특단의 조치를 취하지 않는 한 이러한 추세는 계속 이어질 전망이다.

나는 일주일에 서너 차례 운동을 하고 있고, 집안일과 쇼핑도 열심히 하는 편이다. 나는 음식을 만들고 먹는 것을 좋아한다. 건강에 좋은 음식이 많이 포함된 나의 식단은 탄수화물 비율이 높다. 지금까지 내가 섭취하는 칼로리나 지방, 탄수화물 함량을 꼼꼼하게 따져본 적이 없다. 나는 거의 매일 후식을 먹고, 날마다 빵 여러 조각을 먹는다. 나의 식사량은 많은 편에 속한다. 몸 밖으로 배출하는 열량보다 섭취하는 음식이 분명히 더 많다.

★ 행동 계획

1. 일주일 동안 칼로리의 흐름을 추적하면서 노트에 적는다.
2. 하루에 500 내지 600칼로리를 줄인다.
3. 후식은 일주일에 두 번만 먹는다.
4. 이 계획을 한 달 동안 실천하며 결과를 지켜본다.
5. 오늘 바로 시작한다.

어떤 문제든 자세히 들여다보면 사실이 모습을 드러내기 마련이다. 사실을 써내려갈 경우 스스로 카운슬러의 관점을 지니게 된다. 행동 계획은 현실성이 있어야 하고, 일단 계획을 세웠으면 자신의 충고에 따라야 한다. 이처럼 삶에서 중요한 변화를 꾀하고자 할 경우 현실 직시가 그 첫번째 단계다.

* 불안 껴안기

즉흥연기는 자전거 타기나 서핑, 스키 타기와 공통점이 많다. 상황이 일직선으로 펼쳐지는 것이 아니라 예측 불허라는 점에서 그렇다. 다시 말해 상황이 늘 유동적이다. 우리의 발밑은 늘 바뀐다. 이러한 접근법이 처음에는 불편하거나 불안할 수도 있으며, 안전을 추구하는 것이 우리의 본능이다.

잠시 견고한 땅을 찾는 데 성공한다 해도 우리의 발밑은 결국 바뀐다는 사실을 받아들여야 한다. 바위가 많은 지형은 피해 갈 수 없으며, 그곳을 지나야만 굉장한 곳이 나올 때가 많다.

나는 고질적인 염좌 때문에 약해진 다리 근육을 강화하기 위해 물리치료를 받고 있다. 내가 매일 하는 운동 중에는 스티로폼으로 만든 반원형 통 위에서 한 발로 서서 중심을 잡는 자세도 포함된다. 이 운동의 목적은 한쪽 면은 편평하고 한쪽 면은 곡선을 이루는 원반 위에 일 분 동안 한쪽 발로 서서 균형을 잡는 데 있다.

맨 처음 이 자세에 도전했을 때는 번번이 실패했다. 고꾸라지지 않고는 단 한순간도 균형을 잡을 수 없을 듯했다. 그래서 뭔가 붙잡기 위해 문틀 옆에 서서 이 운동을 하기 시작했다. 그래도 여전히 어려웠지만 그럭저럭 할 수 있었다. 물리치료사에게 자랑스러운 듯

나의 해결책을 보여주자 그녀는 눈동자를 굴리면서 이렇게 말했다.

"안 돼요, 안 돼. 그렇게 요령을 부리면 안 돼요. 힘들더라도 정면으로 승부해야 해요. 그래야 근육이 튼튼해져요. 그렇게 뭔가를 붙잡고 하면 이 운동을 하는 의미가 없어요. 불안을 껴안고 정면으로 승부하세요."

균형을 잡는 행동을 통해 우리는 활기를 띠게 된다. 감각은 순간순간 바뀐다. 더러 우리는 안정감을 느끼기도 하고, 더러 위험을 느끼기도 한다. 그러다 결국 우리는 불안을 이겨내기에 이른다. 이러한 불안을 정상으로, 우리의 근거지로 받아들일수록 두려움이 줄어들면서 불안에 익숙해지게 된다. 그때부터는 불안에서 도망치려는 시도를 하지 않게 된다.

더러 균형을 잃을 때의 느낌은 상쾌할 뿐만 아니라 우리에게 삶의 덧없음을 일깨워주면서 불완전하고 시시각각 달라지는 현재의 순간에 충실하라고 가르친다. 파도에 몸을 맡기는 서퍼들처럼 우리도 파도의 힘을, 자연의 웅장함을, 이 소용돌이치는 우주에서 우리만의 장소에 있다는 느낌을 받을 수 있다.

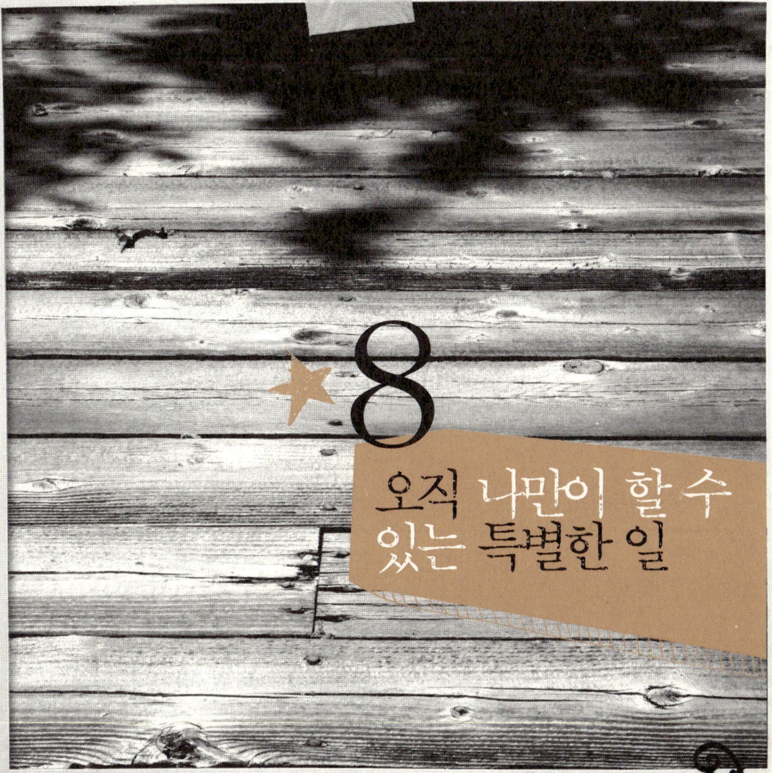

8 오직 나만이 할 수 있는 특별한 일

09847007348 POLAROID

......stay on course

경로 유지하기

하느님은 우리 각자에게 '진군 명령'을 내렸다.
이곳 지상에서의 우리의 목적은 그 명령을 찾아내 실천하는 데 있다.
그러한 명령은 우리의 특별한 재능을 알아본다.
_쇠렌 키에르케고르

★ **즉흥연기에는 늘 무언가 목적이 있다.** 즉흥연기는 그저 '무엇이든지'가 아니다. 무대에서 우리는 함께 이야기를 만들어내기 위해, 문제를 해결하기 위해, 새로운 노래를 짓기 위해, 관객에게 기쁨을 주기 위해 즉흥연기를 펼친다.

집에서 우리는 부러진 액자 틀을 고치기 위해, 가장 친절한 방법으로 제안을 내놓기 위해, 이웃을 돕기 위해, 약속을 지키기 위해, 먹다 남은 음식을 창의적으로 활용하기 위해, 금이 간 우정을 손보기 위해 즉흥연기를 펼친다.

그런가 하면 직장에서는 마감 시한을 맞추거나 까다로운 상사를 달래기 위해, 또는 제한된 자원으로 문제를 해결하기 위해 즉흥연기를 선보인다.

매 순간마다 어떤 힘이 우리를 인도한다. 우리는 우리가 목표하는 것을 염두에 두어야 한다. "나는 지금 무엇을 하고 싶어하는가?"라고 묻기보다 "나의 현재 목적은 무엇인가?"라고 물어야 한다.

우리는 우리의 감정이 마치 가장 중요하기라도 하듯 "기분은 어떠세요?"라고 묻는 게 너무나 보편화된 문화 속에서 생활하고 있다. 감정은 덧없다는 점에서, 게다가 감정은 우리의 행동을 이루는 가장 현명한 기초가 아닐 때가 많다는 점에서 이는 이상한 일이 아닐 수 없다.

'목적'이라는 단어의 정의를 보면 대부분 도덕적인 측면을 띤다. 즉 한 개인의 '적절한 행동'이나 '꼭 해야 할 올바른 일'이라고 할 수 있다. 목적은 언제나 의식에서 나오는 의도를 뜻한다. 이 질문에 대한 답은 방향을 제시한다.

지금 이 순간 당신의 목적은 무엇인가? 어쩌면 좀더 자발적으로 살아가는 데 필요한 전략을 모색하는 것이 당신의 현재 목적일 수도 있다. 아니면 독서에 정신을 팔면서 어려운 임무를 회피하고 있지는 않은가? 어쩌면 당신은 이 마술과도 같은 기술의 비결을 찾고자 하는 즉흥연기반 학생일지도 모른다. 아니면 누군가가 건네준 이 책을 읽으면서 하필 이 책을 권해준 이유를 찾는 데 몰두하고 있을지도 모른다. 아니면 빨래가 마르길 기다리면서 그저 시간을 때우고 있거나.

똑같은 행동도 그러한 행동을 하게 되는 이유는 천차만별일 수 있다. 목적이 아직도 분명한지를 확인하는 작업은 의식을 깨어 있게 해줄 뿐만 아니라 이 행동을 계속할 것인지, 아니면 다른 행동으로 전환할 것인지와 관련해 지침을 제시한다.

어느 휴가철에 나는 거대한 힐스데일 몰의 실내 장식에 감탄하면서 저마다 고객의 눈길을 끌도록 디자인된 상품들을 이리저리 둘러보았다. 그러다 나도 모르게 란제리 코너에 이끌려 사치스럽고 보드라운 재질의 가운과 로브를 만지작거리며 매장을 어슬렁거리기 시작했다.

나는 폭신폭신한 물건, 그중에서도 특히 양모라면 사족을 못 쓴다. 줄지어 걸려 있는 양모 파자마의 폭신폭신한 보풀을 어루만지고 있을 때였다. 내 안의 목소리가 이렇게 말했다.

"지금 너의 목적은 뭐지, 퍼트리셔?"

그제야 나는 여동생에게 줄 선물을 고르러 그곳에 왔다는 사실을 기억해냈다. 발밑을 내려다보니 케이크 팬 세트가 내 장바구니에 얌전하게 들어앉은 채 포장을 기다리고 있었다. 나의 목적은 달성된 셈이었다.

그 다음에 내가 할 일은 집으로 차를 몰아 이 장을 쓰는 것이었다. 생각이 거기에 미치자 나는 저마다 화려한 색깔을 자랑하는 의류 행렬에서 고개를 돌려 차로 돌아갔다.

물론 때로는 단순히 기분전환 삼아 눈요기와 자극을 즐길 요량으로 휘황찬란하게 불이 켜진 몰을 돌아다니며 폭신폭신한 녹색 양모 파자마가 주는 즐거움을 만끽하기도 한다. 하지만 이 경우에는 그게 목적이 아니었다.

사실을 직시하는 훈련은 일과 우리의 사생활에서 인간관계를 헤쳐나갈 때 특히 유용하다.

애너는 남편 앨런과 7년 동안 함께 살았다. 앨런이 다니는 건축회사는 그가 애틀랜타로 이사할 경우 승진 기회와 좀더 흥미로운 일자리를 보장하겠다고 제안했다. 부부는 이사 건을 놓고 한동안 다투었다. 애너는 이사처럼 중요한 문제를 놓고 남편이 자신의 기분을 전혀 고려하지 않는 것에 화가 났다.

그녀가 스스로에게 "나는 앨런을 어떻게 생각하지?"라고 물었을 때 적지 않은 분노와 실망이 고개를 쳐들었다. 하지만 질문을 바꾸어 "내가 앨런과 함께하는 목적은 뭐지?"라고 묻는 순간 빛이 보이기 시작했다. 그녀가 스스로 설정한 경로는 서로 의지가 되는 삶, 다시 말해 서로의 행복을 추구하는 삶을 꾸려나가는 것이었다.

굳이 볼스버그를 고집할 이유가 없었다. 당연히 그녀는 그의 결정을 지지해야 옳았다. 애너는 그들이 함께 있는 이유를 잠시 놓쳤던 것이다. 이제 비로소 그 이유를 기억해내고 애너는 크게 안도했다.

감정에 휘둘리거나 어떤 결정에 대해 혼란스러울 때는 목적을 판단 기준으로 삼으라. 목적은 크기와 모양이 제각각이며, 우리가 하는 모든 일에는 제각기 의미가 있다.

* 목적 찾기

목적에 대한 질문은 커다란 목표뿐만 아니라 일상의 목표나 단기

간의 목표를 생각하는 기회를 마련해 준다. 나의 삶은 경로를 유지할 때 좀더 부드럽게 돌아가는 것 같다.

내가 아는 어느 성공한 작가의 컴퓨터 위에는 '오로지 그대만 할 수 있는 현실의 일이 있다'는 글귀가 붙어 있다. 이 글귀는 여러 가지 의미를 지닌다.

어떤 관점에서 보면 내가 하는 유용한 일은 모두 다른 사람들에게 이렇게든 저렇게든 도움이 된다. 또 다른 관점에서 보면 이 글귀는 나의 특별한 재능에, 나의 위치에 주목하라고 촉구한다.

나에게만 주어진, 나만의 독특한 일은 무엇일까? 내가 엉뚱한 곳을 헤매느라 맡겨진 일을 소홀히 하는 경우는 없을까?

당연히 가족이 떠오른다. 아내로서, 딸로서, 이모로서 '나의 역할'은 독특하다. 나는 내 조카 네이선에게 하나밖에 없는 이모다. 나는 이모로서 잘하고 있는가? 내가 해야 할 일이 더 있는가?

재능과 열정을 확인하는 것 또한 이 질문에 대답하는 또 다른 방법이다. 내가 쉽게 할 수 있는 일은 무엇인가? 내가 잘할 수 있는 일은 무엇인가? 내가 좋아하는 일은 무엇인가?

내가 좋아하고, 그 일을 하는 데 능력을 타고났고, 또 그 일에 관심이 끌린다는 것이 질문에 대한 답이 될 수 있지 않을까?

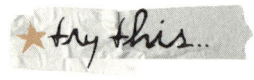

엉뚱한 곳을 헤매느라 처리되지 못하고

쌓여 있는 일은 없는가?
자신의 독특한 관점, 자신의 재능,
자신의 관심, 자신에게 주어진 소명이
무엇인지 고민해 보자.
지금 이 자리에서 당신이 해야 할 일은 무엇인가?
이 질문에 대한 답을 글로 써보자.

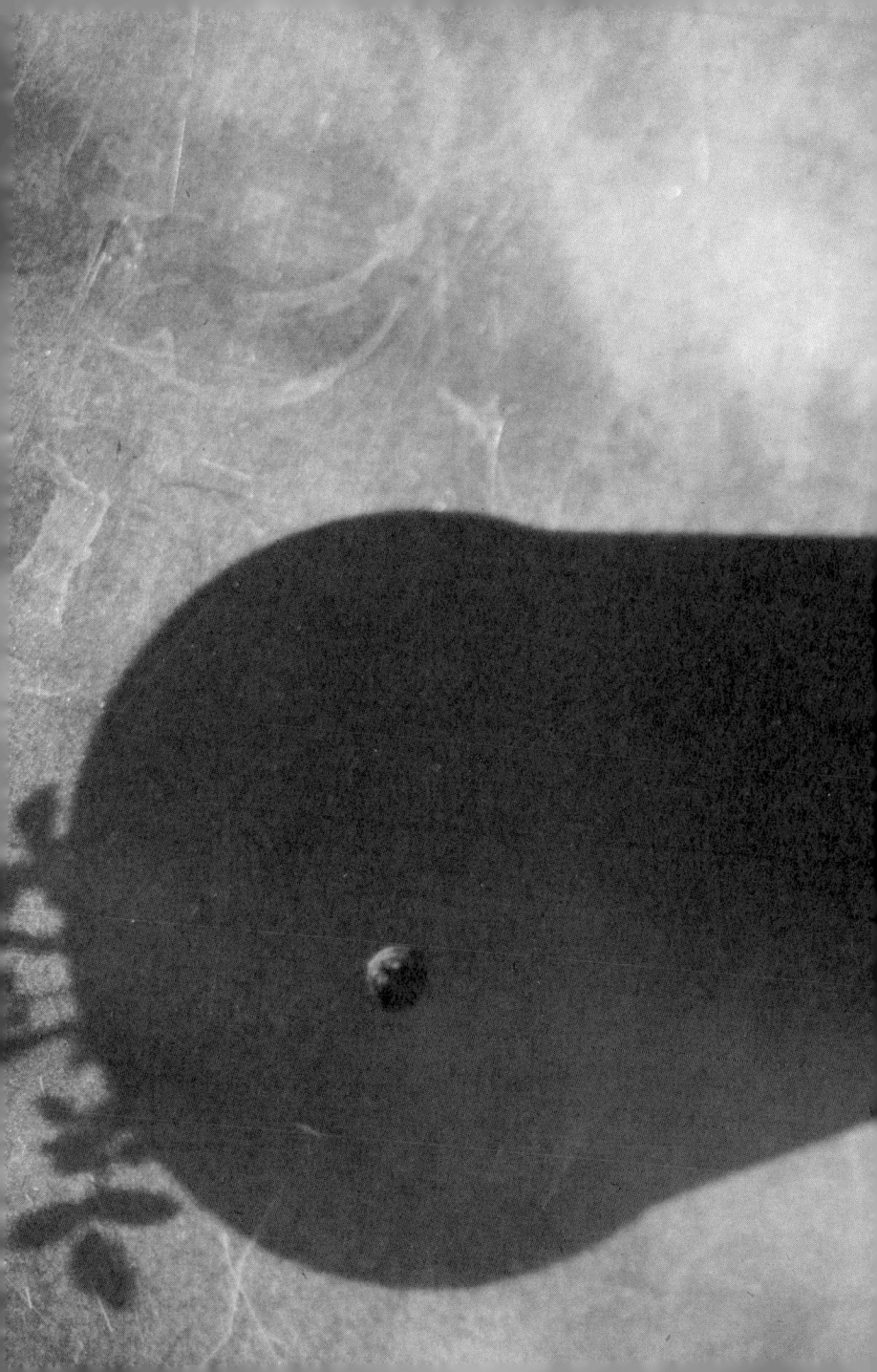

격려와 인정이라는
아름다운 선물

★9

......wake up to the gifts

선물에 눈 뜨기

요리사의 가장 중요한 원칙 가운데 하나는
그 자체로 존재하는 것은 아무것도 없다는 점이다.
모든 것은 서로 연결되어 있다.
_ 버나드 글래스먼과 릭 필스의
《요리사에게 주는 가르침 Instructions to the Cook》중에서

★ 즉흥연기자의 눈에는 유리잔이 늘 절반은 차 있다. 그 안에는 우리가 함께할 무언가가, 우리가 봐주길 기다리는 무언가가 늘 들어 있다. 당신의 유리잔은 이미 맛있는 음료로 가득 넘쳐나고 있으며, 당신은 실은 연회의 한가운데 있을지도 모른다.

당신이 고개를 돌리는 곳마다 무언가가 또는 누군가가 당신을 돕고 있다. 하지만 지금까지 당신은 이 모두에 눈을 감아왔을지도 모른다. 눈을 뜨는 순간 세상이 환해질 것이다. 우리가 미처 보지 못해서 그렇지 곳곳에 선물이 가득하다.

나는 세상과 마주할 때마다 의식하든 아니든 일종의 여과장치를 사용한다. 어떤 빛 아래에서 대상을 바라보느냐가 그 가치를 결정한다. 나는 세 가지 관점에서 사람이나 사건을 바라본다.

1. 내가 다루고 있는 대상이 무엇이 잘못되었는지를 보려고 노력한다(비평가의 관점으로). 이 렌즈를 사용하면 자아가 확대되어 보인다.
2. 내가 다루고 있는 대상을 객관적으로 바라보려고 노력한다(과학자의 관점). 이 렌즈를 사용하면 자아뿐만 아니라 다른 사람들까지 사라지게 된다.
3. 내가 다루고 있는 대상 안에 숨겨진 선물을 보려고 노력한다(즉 홍연기자의 관점). 이 렌즈를 사용하면 다른 사람들이 확대되어 보인다.

당신은 현실을 어떻게 바라보는가? 현실을 바라볼 때 어떤 렌즈를 사용하는가?

나의 경우에는 비평가의 관점이 문제다. 상황을 바라볼 때 나는 무엇이 잘못되었는지, 또는 나를 괴롭히는 요소가 무엇인지에 주목한다. 나는 다른 사람들이 나를 어떻게 곤경에 빠뜨리는지, 또는 어떻게 낙담하게 만드는지에 대해 아주 많이 알고 있다. 사물을 '객관적으로' 바라보려면 이런 편견을 한쪽으로 치워두려고 노력해야 한다. 객관성을 유지하려면 나의 이기적인 관점에서 벗어나야 한다. 하지만 지금 이 순간의 '선물'을 생각하려고 노력하는 경우는 아주 드물다. 그러려면 새로운 종류의 노력이 필요하다. 그 결과는, 특히 지금까지 한 번도 그런 노력을 기울여보지 않았을 경우, 매우 놀라울 수 있다.

소유권을 주장하려는 우리의 본능은 걸림돌이 될 수도 있다. 뭔가를 '나의 것'이라고 생각할 경우 우리는 그것을 선물로 보지 않으려는 경향이 있다. "내가 샀으니까 이 의자는 내 거야." 공공장소에서도 소유 의식이 종종 기승을 부린다. 영화관에서 자리를 고르고 나서 잠시 비워둔 사이에 누군가가 '내 자리'를 차지하고 있으면 우리는 십중팔구 화를 낸다. 우스운 일 아닌가? 영화관의 좌석 중 어느 것도 실은 '나의 것'이 아닌데 말이다.

우리 모두는 다른 사람들의 땀과 노력에 크게 빚지고 있다. 하지만 이 문제를 이렇게 바라보려면, 즉 우리가 우주에 지고 있는 이 어마어마한 부채를 올바로 바라보려면 또 다른 렌즈가 필요하다. 장구한 지혜는 인간은 이 세상의 주인이라기보다 청지기라는 개념을 지지해왔다. 아메리카 원주민의 전통 문화는 이러한 관점을 강조한다.

우리는 무대 위에서 혼자가 아니다. 우리는 말 그대로 선물과 선물을 주는 사람들에게 둘러싸여 있다. 당신도 선물을 주는 사람들의 대열 속에 자신의 자리를 마련하기 바란다. 하지만 이러한 진리를 발견하려면 새로운 눈이나 새로운 안경이 필요할지도 모른다. 나는 일본의 시골에서 이 진리에 눈을 떴다.

＊ 새로운 렌즈로 바라보기

7월의 어느 날 아침 구와나에 있는 센코보사(寺)에 도착했을 때 나는 걱정과 약간의 흥분으로 가득 차 있었다. 높은 습도와 숨이 막히는 열기가 대지를 짓눌렀다. 1987년이었다. 나는 이 선 사원에서 일주일 동안 세상에 진 나의 빚을 알아보는 이상한 수행에 들어갈 예정이었다. 무작정 그곳에 있어야 한다는 생각밖에 없었다. 왜 그래야 하는지는 확실하지 않았지만 나는 데니슨을 떠나는 순간부터 내게 말을 걸기 시작한 내면의 목소리에 귀를 기울이고 있었다.

나의 눈처럼 아마 당신의 눈도 특정 종류의 사물에 주목하도록, 현재의 상황에서 잘못된 점에 주목하도록, 누가 바보인지에 주목하도록, 다른 사람들의 단점이 얼마나 많은지에 주목하도록 훈련을 받아왔을 것이다. 흠을 찾아내는 것은 너무도 쉽다. 어떤 사람들은 이런 종류의 부정적인 사고에 너무나 익숙하다.

내가 경험하게 된 수행법은 요시모토 이신이라는 일본의 한 사업가가 20세기 초에 창안한 방법으로, 근본적으로 다른 관점을 약속했다. 뉴에이지 일각에서 표방하는 '긍정적인 사고'와는 또 다른 이 기술은 내관(內觀)으로 불렸는데, 지나간 현실과 현재의 현실을 새로운 관점에서 조망하는 방법을 제시했다.

나는 그곳에서 이를테면 부기(簿記)를 해야 했다. 다음 세 가지 질문에 초점을 맞추는 것이 나의 임무였다.

지금까지 살면서 나는 다른 사람들에게 무엇을 받았는가? 나는 그 사람들에게 무엇을 되돌려주었는가? 나는 그 사람들에게 어떤 곤란을 초래했는가?

이 질문들은 우리의 삶에서 중요한 관계를 되짚어보고 우리에게 소중한 사람들에게 새삼 주목하게 해준다.

수행자는 일정한 시간 틀 안에서 시간 순서대로 과거로 거슬러 올라간다. 이를 통해 수행자는 명상을 하게 된다. 이러한 환경에서 사람들은 늘 어머니(또는 우리가 세상에 태어나기를 손꼽아 기다렸던 사람)를 돌아보기 시작한다. 시간은 유아 시절, 초등학교 시절, 중고등학교 시절 등과 같은 단위로 나뉜다.

일주일 동안 하루에 14시간씩 나는 돗자리 위에 조용히 앉아 이 세 가지 질문을 생각하며 나의 가치 체계에 의지해 무엇이 선물이고 무엇이 폐였는지를 따져보았다.

나는 지난날 어머니와의 관계, 아버지와의 관계, 몇몇 중요한 친구들과 멘토들과의 관계를 곰곰이 되짚었다. 하나의 시간 주기를 돌아보는 데 약 90분이 주어졌다. 90분이 끝날 때마다 지도교사가 나타나 고개를 숙여 절을 하고 명상을 통해 내가 깨우친 것을 말해보라고 주문했다. 그러면 나는 조용한 목소리로, 때로는 눈물을 흘리는 가운데 내 기억의 원장을 넘기며 깨닫게 된 점들을 자세히 설명했다. 지도교사는 묵묵히 내 말을 듣고 나서 다음 숙제를 내준 후 고개 숙여 절을 하고는 수고했다는 인사를 끝으로 총총히 사라졌다.

내가 발견한 것에 나는 소스라치게 놀랐다. 원래 거기 있었지만 전에는 보지 못했던 세상이 펼쳐져 있었다. 그곳에서 나는 내가 준 것보다 훨씬 더 많이 받고 있었다. 한마디로 나는 지원과 격려의 세상 속에 있었다.

나는 내 인생의 새로운 영화 속으로, 비록 내가 주인공은 아니지만 수많은 출연자 가운데 한 명으로 나오는 새로운 영화 속으로 걸어 들어갔다. 내 삶의 다른 사람들 관점에서 나의 이야기를 바라보자니 의미가 완전히 새로웠다.

우리는 다른 사람들의 기여를 똑똑히 보면서 우리의 상호의존성을 인정해야 한다. 하지만 이러한 교훈을 배우러 굳이 세상을 반 바퀴나 돌아 후텁지근한 절간에 앉아 있을 필요는 없다.

주변을 둘러보라. 지금 이 순간 자리에 앉아 책을 읽고 있는가? 그렇다면 주변에 의자나 소파, 또는 침대가 있을 것이다. 내가 지적하기 전에는 아마도 이러한 사실에 별로 주목하지 않았을 것이다. 지금 당신 옆에 있는 그 의자를(또는 소파나 침대 등을) 디자인한 사람이나, 제작한 사람이나, 당신이 앉아 있는 곳으로 가져온 사람이나, 의자 값을 지불한 사람에 대해서도 생각해본 적이 없기는 마찬가지이리라.

많은 사람들이 의자가 생명을 얻어 지금 있는 곳까지 여행하는 데 일손을 거들었을 확률이 높다. 그렇다면 당신은 의자로부터, 각자 구슬땀을 흘리며 그 이야기의 완성에 기여한 모든 사람들로부터 도움을 받고 있다고 말하는 것이 마땅하다. 우리가 의식하든 의식하지 못하든, 고마워하든 고마워하지 않든 의자는 우리에게 위로와 편안함을 선물한다. 의자는 무언의 선물이다.

* 눈에 보이지 않는 선물 발견하기

1997년 우리 부부의 은퇴 후 살 집을 지으면서 남편은 거의 모든 공간마다 전기 코드 구멍을 배치했다. 필요할 경우 언제든 플러그를 사용할 수 있도록 하기 위해서였다.

당시 우리는 샌프란시스코의 오래된 아파트에 살고 있었는데, 전기 코드 구멍이 방 하나당 한 개밖에 없다는 게 이 아파트의 특징이었다. 남편 론은 언제가 됐든 반드시 전기 코드 구멍 부족에 시달리지 않고 살겠다고 다짐했다.

솔직히 나는 플러그에 별로 관심이 없다. 하지만 오늘은 달랐다. 오늘 아침 내가 가장 좋아하는 녹색 면 시트와 조각조각 이어 맞춘 퀼트를 둘둘 감고 침대에서 빈둥거리며 토요일의 드문 휴식을 느긋하게 즐기고 있을 때였다. 나의 시선이 침대 옆 벽에 가서 머물렀다. 내 방 왼쪽에는 목재 베니션 블라인드가 쳐진 한 개짜리 오르내리창이 있다. 매일 이 블라인드를 치고 여는 것이 내게는 잠자리 의식과 아침 의식의 일부다. 이 창 밑에서 약간 오른쪽으로 흔히 볼 수 있는 구멍 두 개짜리 벽 플러그가 있다. 7년 동안 이 방에서 잠을 자왔지만 내가 이 플러그의 존재에 주목한 것은 이때가 처음이었다. 플러그는 나를 도와주길 묵묵히 기다리면서 늘 그 자리를 지키고 있었다.

나는 그 발견에 깜짝 놀랐다. 오랫동안 나의 시야 속에 자리해온 이 편리한 시설을 나는 왜 보지 못했던 것일까? 나는 또 무엇을 놓치고 있는가? 지금 이 순간에도 무언가가 바로 우리 코앞에서 우리에게 도움을 주길 기다리고 있다면? 우리가 미처 의식하지 못하는 사이에 우리에게 선물을 주는 사람들이 있다면? 어쩌면 그 사람들은 '자신의 일을 하고 있을 뿐'이며 우리는 그 수혜자일 확률이 높다. 그렇다면 호의를 베푸는 이 사람들은 누구일까?

선물의 관점을 채택할 경우 내가 빚을 지고 있다는 사실을 발견하게 된다. 어쩌면 우리는 채무를 인정하고 싶지 않아 주변을 둘러보는 데 인색한지도 모르겠다. 하지만 그동안 많이 받았다는 점에서 스스로를 부자로 여길 경우 되돌려주고 싶은 마음이 드는 게 당연하다.

빚을 파악하고 나면 선물 주고받기에 활발하게 참여해야겠다는 의무감이 생긴다. 그리고 선물은 준 사람에게 직접 되갚는 것보다 다음 사람, 또 그 다음 사람에게 전달하는 것이 더 중요하다.

케빈 스페이시가 주연한 영화 〈아름다운 세상을 위하여 Pay It Forward〉는 중학교 1학년을 담당하는 사회 교사가 학생들에게 다음의 숙제를 내주는 이야기에서 출발한다.

"이 세상을 바꿀 수 있는 방법을 생각해 실천에 옮겨보라."

이에 열세 살짜리 소년은 세 사람에게 선행을 베풀 계획을 진지하게 짠다. 선행의 수혜자는 다른 세 명에게 선행을 베풀어 '선행을 앞으로 전달하겠다'고 약속하라는 주문을 받는다. 그 목적은 사심 없이 베푸는 순환의 고리를 앞으로 계속 움직여 나가게 하는 데 있다.

25년도 더 전부터 나는 유료 다리를 건널 때마다 내 뒤에 오는 차의 요금을 대신 내주는 실천을 하기 시작했다. 이는 일상에서 뭔가를 임의로 주는 방법 가운데 하나다. 오랫동안 나는 백미러로 상대방의 반응을 지켜보며 내가 통행료를 지불했을 때 일어나는 일에 관심을 기울였다. 나의 예기치 못한 행동에 대한 반응은 희희낙락에서부터 의심에 이르기까지 각양각색이었다.

한 운전자는 정지 신호인데도 나를 따라잡으려고 돌진하다 거의 사고가 날 뻔하기도 했다. 그는 차에서 뛰어나와 내게 꽃다발을 내밀며 이렇게 말했다.

"제 통행료를 내주셔서 고맙습니다. 이렇게 큰 친절은 오랜만에 처음 받아봅니다."

물론 미심쩍은 표정으로 속도를 올려 얼른 멀어져가는 운전자들도 많다. 아마도 내가 뭔가 보답을 바랄 것이라고 생각해서 그런 모양이다. 뭔가 좋은 일을 하려는 게 목적이라 하더라도 그 결과가 늘 좋게 돌아오지만은 않는다. 다른 사람들이 선물에 어떻게 반응하는지는 나의 소관이 아니다.

우리가 서로 주고받는 선물에는 물건만이 아니라 지원과 격려도 있다. 최근에 받은 카드 한 장이 내게 "삶에서 가장 좋은 것은 물건이 아니다."라는 점을 일깨워주었다. 격려와 인정이 우리가 줄 수 있는 가장 좋은 선물일 때가 많다.

우리 각자에게는 아무리 퍼주어도 바닥나지 않는 칭찬의 예금통장이 있다. 잔고를 묶어두지 말고 여기저기 푸는 게 어떤가?

예를 들어 우체부에게 하루 종일 발이 부르트도록 돌아다니며 우편물을 배달해주어 고맙다는 감사의 말을 전해보자. 아들에게 설거지를 도와주어 고맙다고, 남편에게 쓰레기통을 비우거나 잔디를 깎아주어 고맙다고 칭찬해보자.

다른 사람들이 있기에 우리가 혜택을 받는 그 모든 일을 둘러보라. 큰 폭풍우가 지나고 나서 부러진 나무와 바닥에 주저앉은 전선을 손보는 환경 미화원이 없다면 어떻게 되겠는가? 우리는 이런저런 이유 때문에 조금이라도 불편하면 큰 소리로 불만을 나타내지만 다른 사람들이 우리를 위해 하는 일상의 일은 큰 소리로 말하지 않는다.

감사도 받지 못하고 힘들기만 한 일을 묵묵히 잘해내고 있는 사람들을 생각해본 적 있는가? 단 한 시간도 누군가에게 칭찬을 건네지 않고 지나가게 놔두어선 안 된다.

주위를 둘러보고 감사의 말을, 칭찬의 말을, 격려의 말을 전해 보자. 낯선 사람이든 가족이든 다른 사람을 칭찬하고 인정하는 것이 자연스럽게 몸에 밸 때까지 멈추지 말고 계속 실천해 보자.

또한 너그러운 말씨를 쓰도록 노력해 보자. 긍정적인 발견은 그 씀씀이가 헤플수록 좋다. 긍정적인 발견을 고맙게 생각하고 그 내용을 자주 입 밖으로 꺼내 표현하면서 우리가 사는 세상이 풍요로워지는 모습을 지켜보자.

* 상호의존성 이해하기

우리는 혼자가 아니다. 다른 사람들이 자신의 집 앞 도로를 청소하고 있으며, 많은 손들이 그 일을 가볍게 한다는 점에 주목해야 한다.

우리 모두 이 안에서 함께라는 사실을 잊어버릴 때가 많다. 당신은 아마도 방 안에 홀로 앉아 이렇게 생각하고 있을지도 모르겠다.

"음, 지금 나는 완전히 혼자군. 덕분에 이렇게 책을 읽을 수 있는 거고."

물론 그렇다. 하지만 당신은 그림의 다른 부분들을 놓치고 있을 수도 있다. 뭘 놓치고 있는지 살펴보자. 지금 이 순간 당신이 받고 있는 것은 무엇인가. 주변을 둘러보면서 자세히 관찰해 보자.

이 순간 무엇이 당신을 지탱하고 있는가? 지금 이 순간 당신의 행복에 기여하는 물건이나 에너지원은 무엇이며 사람들은 누구인가.

램프나 머리 위의 전구가 있어 이 페이지를 읽을 수 있지 않은가? 이 책은 어떤 경로를 거쳐 당신 손에 들어가게 되었는가? 이 책이 당신 손에 들어가기까지 땀방울을 흘리며 기여한 사람들은 누구인가? 당신이 이 책을 살 수 있도록 돈을 준 사람은 누구인가?

당신은 이렇게 생각할지도 모르겠다.

"하지만 내가 일해서 번 돈인데."

맞는 얘기지만 또 다른 진실도 있다. 당신에게 봉급을 준 사람은 사장이며 사장이 고용한 경리과 직원과 은행의 금전 출납계원 덕분에 당신은 책을 살 현금을 손에 쥘 수 있었다.

나는 스탠퍼드 대학교에서 마련해준 노트북 컴퓨터로 이 글을 쓰고 있다. 론이라는 이름의 부지런한 학과장이 시내로 차를 몰아 전자제품 가게에서 구입해온 컴퓨터다. 우리의 생산관리 책임자는 이 기계를 목록에 올려 나의 용도에 맞는 소프트웨어를 적재했다. 그들의 노력이 있었기에 나에게 지금 이 순간이 가능하다.

조금만 노력해도 다른 사람들의 수고를 알 수 있다. 전자제품 가게로 배달 나가는 트럭에 컴퓨터 상자를 실은 항만 근로자는 또 어떤가? 기계 값 지불에 필요한 송장을 작성한 스탠퍼드 드라마 센터의 케이트는 또 어떤가? 나는 그녀에게도 빚을 졌다.

우리는 자신이 다른 사람들과 복잡하게 얽혀 있으면서 그들에게 의지한다는 것을 상기해야 한다. 우리가 하는 모든 일(또는 하지 않는 모든 일)이 중요하다. 아무리 사소한 것이라 할지라도 내가 보이는 관심이나 무관심은 중요한 결과를 가져온다. 대륙의 한쪽 끝에서 나비가 날갯짓을 하면 반대편 해안의 조류가 바뀐다는 이야기는 바로 이러한 논점을 뒷받침해 준다.

상호의존성은 텔레비전 연속극 〈아카디아의 조앤 Joan of Arcadia〉의 주제이기도 하다. 학교 수위, 여덟 살짜리 개구쟁이, 노숙자를 비롯해 수많은 모습으로 변장하고 등장하는 하느님은 현대의 고등학교 학생인 조앤에게 간단한 가르침을 제시한다.

하느님의 목소리를 대변하는 이들 등장인물은 조앤에게 과학 동아리에 가입하고, 중고품 바자회를 열고, 피아노 교실에 등록하라고 충고한다. 에피소드가 끝날 때마다 시청자들은 언뜻 아무 연관성이 없는 이런 활동들이 선행으로 이어져 좋은 결과를 가져오는 모습을 보게 된다.

조앤은 과학 동아리에 가입해 자동차를 압류하는 일을 하는 아버지를 둔 남학생을 만난다. 조앤은 최근에 압류당해 매물로 나온 자동차 한 대가 핸드 컨트롤을 사용해야 하는 사람에게는 안성맞춤이라는 사실을 알게 된다. 조앤의 오빠는 장애가 있기 때문에 그런 자동차가 필요하다. 이 '절호의 기회'를 활용해 조앤은 오빠를 돕는다. 우리는 이러한 연관관계를 시간이 지나고 나서야 비로소 깨닫는다.

지미 스튜어트 주연의 옛날 영화〈멋진 인생 It's a Wonderful Life〉도 이 점을 보여준다. 스튜어트가 연기한 주인공은 사업상의 큰 실수로 고민하다 자신은 더 이상 살 가치가 없다고 한탄하며 삶을 끝내기로 결심한다.

얼음이 꽁꽁 언 다리에서 뛰어내리려는 순간 수호천사가 나타나 그를 데리고 그가 '이 세상에 나오지 않았다면' 세상이 어떻게 되었을지를 보여주는 여행에 나선다. 그는 아무리 사소한 자신의 행동도 다른 사람들에게 얼마나 크게 도움이 되었는지를 발견하고 깜짝 놀란다.

우리는 우리의 일상 활동이 도움과 격려의 이 활발한 망 속에서 차지하는 비중을 간과할 뿐만 아니라, 다른 사람의 기여를 보지 못하고 놓칠 때가 많다.

크리스마스 날 남편과 나는 저녁 식사 모임이 있어 약속 장소로 가고 있었다. 그런데 우리 뒤에서 따라오던 부주의한 운전자가 우리 앞차가 회전할 수 있는 공간을 마련해 주기 위해 우리가 멈춰 섰다는 사실을 미처 알아차리지 못하고 우리 차와 쾅 부딪쳤다. 우리 차는 그 충격에 앞차 쪽으로 튕겨 나갔다.

'자동차 샌드위치' 한복판에 있자니 몹시 겁이 났다. 운전자들이 모두 자기 차에서 뛰쳐나와 손가락질을 하는 동안 론과 나는 심호흡을 하며 그래도 우리에게 다행인 일을 찾아보았다.

잘못된 것을 찾기보다 감사할 수 있는 상황에 초점을 맞추자 우리는 고함을 지르고 비난을 퍼부으며 십중팔구 상황을 더욱 악화시킬 수도 있었을 함정에서 벗어날 수 있었다. 그 순간의 선물에, 다친 사람이 아무도 없고 가까이에 도움의 손길이 있다는 데 주목한 덕분이었다.

이러한 접근법은 삶에 필요한 렌즈를 만드는 데 무척 유용하다. 자신이 받고 있는 것에 늘 감사하도록 마음을 훈련해 보자. "나는 축복을 참 많이 받고 있어."와 같은 일반화는 뭔가를 놓치고 있다. 여기서 더 높은 단계로 이행해야 한다. 도움과 격려의 사례마다 주목해야 한다. 그런 사례는 도처에 있다. 자신이 받은 것을 구체적으로 하나하나 열거하면서 고마움을 나타내는 것이 가장 좋은 감사 방법이다.

"모두 너무너무 감사해요, 게일 고모."라고 두루뭉술하게 표현하기보다는 "휴가철에 이렇게 저희를 초대해주셔서 감사드리고, 이렇게 맛있는 쇠고기 찜 요리와 제가 좋아하는 레몬 파이를 만들어주셔서 감사해요. 그리고 제 룸메이트도 초대해주셔서 정말 감사드려요. 방이 너무 아늑하고, 저희에게 내주신 퀼트 이불도 너무 폭신폭신했어요. 저녁 식사 후에 고모님이 가르쳐주신 낱말 맞추기 게임도 너무 재밌었어요. 공항으로 저희를 마중나와 주신 클로드 고모

부께도 감사하다는 말씀 꼭 좀 전해주세요. 대학원 진학에 관한 고모부의 충고는 너무 소중했어요."라고 구체적으로 표현하는 것이 훨씬 더 좋다.

물론 상황에 따라서는 목록을 길게 늘어놓는 것이 적절하지 않을 수도 있지만 누군가에게 고마움을 표시할 때는 말을 아끼지 말고 무엇 때문에 고마운지 자세히 언급하자.

삶의 선물은 응급실 밖에서 한 시간이나 참을성 있게 기다리는 친구, 진열대에 없는 물건을 찾으러 창고로 기어 올라가는 수고를 마다 않는 식료품점 점원, 손님 욕실에 싱싱한 꽃을 꽂아두는 안주인, 제자가 읽으면 재미있어 할 소설을 잊지 않고 챙겨오는 교사, 분위기를 좀더 부드럽게 바꾸기 위해 팬 모임 장소를 체육관으로 바꾸는 경호원 등 각기 따로 우리에게 온다.

이처럼 삶은 사소한 모습으로 우리에게 온다. 주변을 둘러보며 그런 사소한 삶의 모습들을 찾아보자.

다른 사람들에게서 받은 것을 목록으로 작성해 보자. 오늘 눈에 보이지 않는 얼굴들로부터 어떤 도움을 받았는가? 선물과 선물을 준 사람들의 면면을 적어보자.

여기 오늘 나의 장부에서 추려낸 몇 가지 기재 사항이 있다.

"남편이 일주일치 쓰레기와 재활용품을 내다놓았다."
"담당 보험설계사가 우리 대신 사고경위서를 작성해 주었다."
"우체국 직원이 내 소포 무게를 달아보더니 거기에 맞는 우표를 내

주었다."

"이웃 한 명이 자기 집 마당에서 직접 기른 아주 귀한 토마토를 나눠주었다."

"도로과 직원들이 우리 집 앞 도로를 다시 포장하고 있다."

"내 프린터가 이 원고를 프린트했다."

"이 방의 전기난로가 나를 따뜻하게 해주고 있다."

멀리 떨어진 곳에서 당신을 돕는 사람들은 누구인가? 여기 이 자리에서 멀리 떨어진 채 지금 이 순간에도 당신에게 혜택을 주는 일을 하고 있는 사람은 누구인가? 멀리서 기여하는 사람을 생각하면서 현재의 순간에 이르기까지 그런 노력이 도달하는 경위를 추적해보자.

예를 들면: 내가 현재 이 글을 쓰고 있는 컴퓨터를 구입하러 가게에 들른 우리 학과장 론이 근무하는 연극학과 건물에 전기 배선 공사를 하러 갈 수 있게 전기 기사의 차를 수리해준 자동차 수리공에게 음식을 갖다준 식당 여종업원.

각자의 기여가 톱니바퀴처럼 서로 맞물려 있는 모습이 보이는가? 내가 현재 누리는 안락함은 실은 다른 사람들이 끊임없이 활동하는 데 따르는 결과다. 상호의존은 현실이다. 이를 이해하면 사물의 질서 속에서 우리 자리는 과연 어디인지를 고민할 때 통찰력을 얻을 수 있다.

★ try this..

생색나지 않는 일을 하는 사람들에게
감사를 전하자.
주위에 힘들거나 위험한 일을
하는 사람들이 있다면
손을 흔들거나 큰 소리로 응원을 하는 등
어떤 식으로든 고마운 마음을 전하자.

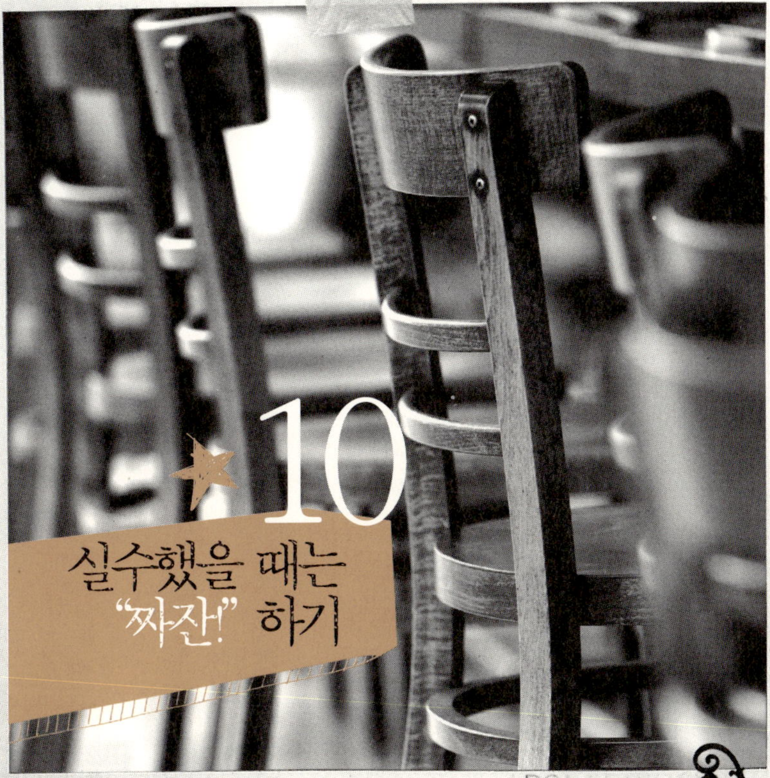

10

실수했을 때는 "짜잔!" 하기

09847007348

......make mistakes please

기꺼이 실수하기

배우기 가장 어려운 기술은 어떻게 공을 던져 올리느냐가 아니라
어떻게 공을 떨어뜨리는가이다.
_ 앤서니 프로스트의 《연극에서의 즉흥연기 Improvision in Drama》

★ 나의 강의실에는 다음과 같은 표어가 붙어 있다.

"실수를 하지 않고서는 즉흥연기를 익힐 수 없다."

실수는 우리의 친구이자 놀이 상대다. 실수는 반드시 필요하다. 실수를 한다는 것은 곧 우리가 활동하고 있다는 증거다. 실수는 우리가 피해야 할 그 무엇이 아니라 우리의 운영체계 중 일부다.

그곳에는 모험이 기다리고 있다. 실수는 나쁜 말이며, 실수하길 좋아하는 사람은 아무도 없다. 우리는 일렬로 나란히 앉은 근엄한 얼굴의 심판들이 우리가 발을 헛디디거나 버둥거릴 때마다 낮은 점수를 매기는 모습을 상상한다. 나의 남편은 이런 말을 했다.

"다행히도 우리의 삶을 지켜보는 올림픽 심판은 없다."

이제부터라도 혁명을 시작해 실수를 당연하게 바라보는 데서 오

는 이익을 기분 좋게 받아들일 수 있어야 한다. 떠들썩한 실수는 우리의 인간미를 돋보이게 해주기도 한다.

대사를 '까먹고' 우물거리는 연기자는 우리의 실제 모습을 보는 것 같아 더욱 믿음이 간다. 실제로 대부분의 관객은 배우들이 한동안 쩔쩔매다 나중에 가서 나아지는 모습을 지켜보길 좋아한다.

내가 실수를 두려워하지 말라고 말할 때는 아슬아슬하거나 능력을 시험받는 일을 해보라는, 안전지대에서 벗어나 실수도 하면서 과감히 앞으로 나아가라는 뜻이다. 앞으로 나아가려면 목을 밖으로 내밀어야만 한다는 점에서 거북이는 좋은 본보기다. 우리도 이런 습관을 개발해야 한다. 때로 나는 학생들에게 이러한 경험에 익숙해지도록 수업 시간마다 자아를 깨부수는 실수를 최소한 한 번은 꼭 하라고 주문한다.

우리가 관심을 기울여야 하는 것은 실수가 아니라 실수 후에 우리가 보이는 행동이다. 여기 전문 배우가 실수를 다루는 법을 보여주는 사례가 있다.

트루 픽션 매거진 즉흥극단의 송년 공연 때였다. 관객의 제안에 따라 공연 제목은 '수녀들의 전투'로 정해졌다. 이야기는 수녀 아그네스와 메리, 클레어가 서로 갈등을 겪는 데서 출발했다.

교구 신부가 등장해 수녀들의 숙소 문을 두드렸다. 이전 장면에서 아그네스 수녀 역을 맡았던 배우 다이앤이 문을 열어주었다. 신부가 말했다.

"아그네스 수녀님을 보러 왔습니다."

아그네스가 자신의 이름이라는 걸 까맣게 잊은 채 그녀는 이렇게 대답했다.

"가서 불러오겠습니다."

그러고 나서 몇 걸음 떼어놓다가 그녀는 자신의 실수를 알아챘다.

"아, 아그네스 수녀요? 전데요."

그녀는 슬그머니 미소를 지었다.

"우리 수녀들은 모두 비슷비슷해 보이거든요."

그 순간 관객은 열광했다.

실수는 대개의 경우 사전에 계획을 세우지 않은 데서 생기는 결과다. 다시 말해 뜻밖의 그 무엇, 기묘한 결과나 옆길로 새는 여행이자 새로운 그 무엇이다. 때로 우리는 '실수'라는 말을 원하지 않은 결과를 뜻하는 데 사용한다.

"이 영화를 보러 온 것은 실수였어."

물론 큰 실수 앞에서는 누구나 탄식하기 쉽다. 하지만 실수를 저지르고 나서 우리가 던지는 질문은 "어쩌다 내가 그렇게 했을까?"가 아니라 "다음엔 뭐가 올까? 여기서 난 무엇을 얻을 수 있지? 이번 일이 주는 보너스가 있다면 뭘까?"가 되어야 한다.

실수에 건설적으로 반응하려면 실수를 인식하고, 인정하고, 가능하다면 활용해야 한다. 예술가들은 늘 그렇게 한다. 예를 들어 화가는 계획에 없었던 붓놀림을 활용한다.

일들이 자신의 계획과 다르게 진행되고 있는가? 그렇다면 일이 진행되는 방향을 주시하고 한동안 상황을 따라가면서 착지할 곳을 살펴보자. 어쩌면 형편없는 영화를 보러 간 행동이 그동안 모르고 있던 근사한 식당 바로 옆에 우리를 내려놓을지도 모른다. 주위를 둘러보자.

내가 실수를 하라고 권할 때는 사소한 것은 중요하지 않다는 의미로 말하는 게 아니다. 오히려 그 반대다. 사소한 것이 모든 것이다. 이것은 게으른 집중력을 봐주는 면죄부가 아니다. 나의 부주의로 다른 사람에게 문제가 발생한다면 당연히 사과해야 한다. 너무 주의를 놓아서도 안 되고, 너무 주의를 기울여서도 안 된다. 우리의 목표는 실패 앞에서의 회복력과 인내심이다.

토머스 에디슨은 전구의 필라멘트에 적당한 매체를 찾는 실험을 하면서 3000번 넘게 실수했지만 실패할 때마다 교훈을 배우며 계속 나아갔다. 그는 이렇게 썼다.

"전구 이백 개를 망가뜨리면서 실수할 때마다 스스로에게 다음번 시도 때는 더 잘해낼 수 있을 거라고 말했다."

물론 정확성이 반드시 필요할 경우에는 실수가 심각한 문제를 야기한다. 뇌수술과 미사일 방어가 그런 경우에 해당한다. 하지만 나머지 99.9퍼센트의 경우에는 실수가 뜻밖의 결과로 이어져 우리에게 정보를 쏟아놓는다. 다행한 일이 아닐 수 없다.

하루에 최소한 한 번씩은 실수를 하도록 스스로를 용납하자. 실수 목록에 하나를 덧붙일 때마다 자축하자. 자신 있게 실수하는 사람이 되자. 실수 앞에서 긴장을 풀고, 실수가 기회나 심지어는 축복이 될 수 있는 경우가 얼마나 많은지에 주목하자.

실수는 자연스럽고도 피할 수 없는 삶의 일부다. 실수는 미리 계획을 세우든 아니든 일어나게 되어 있다. 진정한 우화라고 할 수 있는 다음의 두 요리사 이야기가 이 점을 뒷받침해준다.

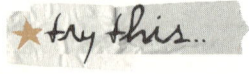

위험을 감수하자.
자신에게 익숙하지 않은 음식을 선보이는
새로운 식당에 들러
한 번도 먹어보진 않았지만
맛있을 것 같아 보이는 음식을 주문해보자.
맛에 대한 경험을 넓히자.

* 요리의 두 가지 방법

미국의 요리 명인으로 만인의 사랑을 받다 2004년 여름에 작고한 줄리아 차일드는 훌륭한 요리 솜씨만큼이나 유연한 정신과 유머로도 유명했다. 주방의 재앙에 자연스럽게 대처하는 그녀의 태도는 나이를 떠나 요리사들에게 용기를 북돋아주었다.

프랜시스 X. 클라인스는 『뉴욕타임스』에 게재한 글에서 다음과 같이 칭찬했다.

"실수는 세상의 끝이 아니라 게임의 일부일 뿐이었다. 사실 사소한 실수와 불상사는 그녀의 요리 프로 〈프랑스 요리사〉의 주간 행사였지만 그중 어떤 것도 차일드 여사를 당혹스럽게 만들지는 못하는 듯했다."

요리는 실수라는 문제를 바라보는 데 아주 바람직한 틀을 제공해 준다. 나의 친구 가운데 두 명은 이 일에 서로 다르게 접근한다. 실리어와 댈러는 둘 다 요리하길 좋아한다. 둘 다 먹는 즐거움을 중요하게 여기면서 친지와 가족들에게 음식을 대접하는 것을 즐긴다. 두 사람이 차려주는 식탁에 앉는 사람들은 종종 이렇게 말한다.

"식당을 열지 그래요!"

그런데 둘은 스타일이 완전히 다르다. 한 명은 기획자고, 한 명은 즉흥연기자다.

실리어는 요리 잡지란 잡지는 모조리 구독하면서 앞표지에서부터 뒤표지까지 빠짐없이 읽는다. 요리 강좌도 듣고, 요리책을 소설책 들여다보듯 코를 빠뜨리고 들여다본다. 일주일에 한 번씩 서는 지역 농산물 시장에도 꼬박꼬박 가고, 외국의 조리법이나 특별한 음식을 소개하는 인터넷 사이트도 뒤진다. 실리어는 미리 주도면밀하게 계획을 세워 완벽한 식탁을 선보이는 데 주안점을 둔다. 그러느라 때로 특별한 가게와 식료품점을 찾아 며칠씩 시내로 차를 몰고 나가서 재료를 구해오기도 한다.

요리를 할 때면 그녀는 조리법을 신중하게 따른다. 물론 그녀가 내놓는 음식은 더러 예술 작품일 때도 있다. 많은 경우 그녀의 음식은 맛이 아주 좋고, 더러는 그저 그렇고, 가끔은 뭐랄까 썩 훌륭하지는 않지만……그래도 모두 손님들의 배를 채워준다. 실리어는 실수를 미워하지만 그녀가 아무리 조리법을 충실하게 따른다 해도 실수는 일어난다.

반면 댈러는 요리책과 음식 관련 기사를 어쩌다 가끔 읽을 뿐 자주 읽지는 않는다. 하지만 채소밭을 돌보는 데 많은 시간을 할애한다. 자신에게 가장 가까운 주변을 둘러보는 것이 그녀의 기본 요리 전략이다. 우선 그녀는 냉장고 문을 열고 '먹어치워야 할 음식 재료'가 뭔지부터 살핀다. 그런 다음 채소밭을 둘러보면서 수확할 수 있는 게 무언지 살핀다.

그녀는 스스로 '즉석 재료'라고 이름붙인 것(대부분의 주부들은 내다버릴 게 틀림없는 갈색으로 변한 겨자 한 숟갈을 비롯해 먹다 남은 음식 약간, 소스 약간 등)을 활용하는 데 천재다. 댈러에게 음식을 버린다는 것은 있을 수 없는 일이다. 그래서 이미 있는 재료로 맛있게 만들거나 최소한 먹을 수 있게 만드는 것이 그녀가 요리에 접근하는 기본 방침이다.

그녀는 음식 재료를 섞어 양념을 가미하는 방법으로 먹다 남은 음식이라는 인상을 말끔하게 지운다. 그런 과정을 거쳐 말 그대로 완전히 새로운 음식이 탄생한다. 먹다 남은 볶음 요리가 수프로 변신하고, 먹다 남은 수프가 스파게티 소스로 변신하고, 먹다 남은 스파게티 소스가 피자 토핑으로 변신한다.

한번은 카레 가루를 곁들인 야채수프가 너무 훌륭해 도대체 비결이 뭐냐고 물은 적이 있다. 그랬더니 그녀는 이렇게 대답했다.

"아마 먹어 없애려고 노력중인 잘라페뇨 젤리 한 작은술 때문일 거예요. 누가 친절하게도 이 이상한 젤리를 나누어주었는데, 마지막으로 남은 걸 수프에 넣었거든요!"

야채수프에 잘라페뇨 젤리를 첨가하는 조리법은 이 세상 어디에도 없다.

댈러는 뭔가를 시도하면서 실수를 할까 봐 두려워하지 않는다. 맛의 관점에서 볼 때 그녀가 내놓는 음식 중 많은 경우가 맛있고, 더러는 그저 그렇고, 가끔은 뭐랄까 썩 훌륭하지는 않지만……그래도 손님들의 배를 채워준다.

두 요리사, 즉 기획자 실리어와 즉흥연기자 댈러가 성공하는 사례와 실패하는 사례는 서로 비슷비슷하다. 둘 다 실수한다. 아무리 계획을 치밀하게 세운다 하더라도 실수는 일어나기 마련이다.

프랑스어에는 댈러의 방법을 묘사하는 단어까지 있다. 바로 '브리콜라주(bricolage)'다. 이 말은 가까이에 있는 재료를 닥치는 대로 사용해서 문제를 해결하는 기술을 뜻한다.

이 방법은 한계를 자산으로 전환해준다. 그러려면 활용 가능한 게 무엇이 있는지 주의 깊게 살피는 데서부터 출발해야 한다. 이는 환경을 깊이 생각하는 접근 방법이다. 이미 있는 재료를 재주껏 다루는 기술은 임기응변의 접근법일 뿐만 아니라 삶의 한 방법이라고도 할 수 있다.

현실주의자들은 열번째 좌우명의 지혜를 십분 이해한다. 커다란 성취에는 늘 위험이 도사린다. 뭔가 새로운 일을 시도할 경우 뜻밖의 결과가 나올 수도 있다. 우리 모두 평범하거나 익숙한 일도 망칠 수 있다는 것을 잘 알고 있다.

큰 실수는 대개 당사자의 과실이 아니지만 몇몇 실수는 그럴 때가 있다. 상황이 신뢰를 해치는 방향으로 전개될 경우에는 바로 솔직하게 시인해야 한다. 그렇게 하는 게 옳다. 실수는 누구도 피해갈 수 없다. 실수를 거리낌 없이 인정하는 것이 용기와 인격을 보여주는 행동이다.

다큐멘터리 영화 〈전운 The Fog of War〉 촬영을 위해 인터뷰를 할 당시 전 미국 국방부 장관 로버트 맥나마라는 군 고위 장교들이 정직하다면 자신들의 실수 때문에 전시에 무모한 죽음을 양산했다는 점을 인정할 것이라고 고백했다. 물론 우리는 그렇다고 인정하는 소리를 전혀 듣지 못한다. 여론의 비난에 대한 답은 한결같이 부인이다. 하지만 실수를 부인한다고 해서 거기에 속아 넘어가는 사람은 거의 없다.

실수를 인정하기보다 부인하는 데 급급한 장교들은 근시안에다 만화 주인공처럼 우스꽝스러워 보인다. 정직함을 기르는 것이 좀더 현명하지 않을까? 우리 모두 "정말 실수할 때는 깨끗이 인정하자!"라는 캠페인에 동참하자.

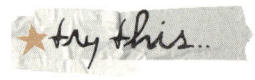

브리콜라주 원리를 적용해보라.

뭔가를 사러 가게로 달려가기보다
가까이에 있는 재료만을 사용해
문제를 해결하라.
예를 들어 만화책이나 지나간 달력을
선물 포장지로 사용해보라.
이미 있는 재료로
새로운 음식을 만들어보라.

11 오늘 집에 갈 때는 새로운 길로 가보기

……act now

지금 행동하기

난 할 수 없어
세상이 필요로 하는
좋은 일을.
하지만 세상은
내가 할 수 있는
좋은 일을 필요로 하지.
_ 재너 스탠필드의 앨범 〈변화를 시작하자Let the Change Begin〉 중에서 '좋은 일(All the Good)'

★ 즉흥연기의 핵심은 행동, 즉 실제 시간 속에서 실천하는 것이다. 우리는 다음에 무엇이 오는지 알아내기 위해 행동한다. 우리는 목적이나 질문을 가지고 있기 때문에 행동한다.

하지만 행동을 우리의 첫번째 반응으로 활용하는 것이 늘 쉽지만은 않다. 우리 대부분은 뒤돌아보고, 비교하고, 계획을 세우고 나서야 비로소 앞으로 나아간다. 우리는 우리의 행동 방침을 결정해야 한다고 생각한다. 확신이 설 때만, 자신이 있을 때만 우리는 앞으로 나아간다.

'지금 행동하기'는 행동이 발견 과정의 일부라는 점을 일깨워준다. 즉흥연기자는 늘 바로 행동에 돌입할 준비가 되어 있다. 우리는 계획이 있기 전에 시작한다. 행동은 우리를 앞으로 나아가게 하면서 전진 방법에 대한 정보를 제공해준다. 행동 자체가 교사이자 길잡이가 된다.

나이키의 기운 찬 로고 "저스트 두 잇(Just do it)"은 굳이 동기를 찾아 우리 자신을 추스르거나 하고 싶다는 느낌이 들지 않아도 된다는 점을 상기시켜준다. 그냥 일어나서 가면 된다. 심리학자 데이비드 K. 레이놀즈는 이렇게 노래한다.

"나의 모든 꿈을 위해 내가 하는 행동들이 나를 규정한다."

우리도 이를 잘 알지만 실천하기는 어려워 보인다.

먼저 극복해야 할 장애물이 있는 것처럼 보일 때도 더러 있다. 장애물이 '작가의 슬럼프'처럼 그럴 듯한 이름을 가지고 있다고 가정해 보자. 기존의 지혜는 이 장애물에는 원인 파악이 필요하다고 말한다. 텔레비전 작가 애덤은 이 문제와 씨름하다 이렇게 한탄했다.

"해야 할 일을 자꾸만 미루는 이유를 알 수 있으면 좋겠어요. 그 이유를 몰라 정말 미칠 지경입니다."

그는 매주 카운슬러를 찾아가 상담을 받았다. 그는 슬럼프의 원인을 찾을 수 있다면 다시 글을 쓸 수 있을 것이라고 생각했다.

내가 이 문제를 보았을 때 원인 파악이 해결책은 아니었다. 설령 그가 기가 막힌 생각을 떠올렸다 할지라도 그는 여전히 책상 앞으로 가서 컴퓨터를 켜야 했을 것이다. 나탈리 골드버그가 제안하는 작가의 첫번째 원칙 "끊임없이 손을 놀리라."야말로 그에게 가장 좋은 충고였다.

뭐든 보람이 있는 일은 수고와 끈기를 필요로 한다. 하기 싫다고 자꾸 미루다 보면 이중의 부담만 떠안게 될 뿐이다. 즉 그 일이 느닷없이 커 보이면서 우리 자신을 실패자라고 여기게 된다.

하기 싫은 일일수록 일정을 세워 일정대로 따르는 것이 도움이 될 수 있다. 빠져나올 수 없다면 우리가 그 안으로 들어가야 한다.

일본의 성신과 전문의 모리타 쇼마는 행동의 치유력에 근거해 '모리타 요법'이라는 정신건강운동을 창시했다.

그는 자신의 환자들에게 신경과민성 사고방식을 극복하려고 노력하기보다 삶에서 해야 할 일을 하는 데 초점을 맞추라고 권유하면서 건설적인 행동이 곧 치료 방법이라는 생각을 심는 데 주력했다.

즉흥연기자는 행동의 힘에 관한 모리타 박사의 주장을 십분 이해한다. 즉흥연극 무대에서 행동은 놀이의 세계를 창조한다. 뒷방에 장애물은 없다. 동기는 필요하지 않다. 선의, 믿음, 결단, 심지어 약속도 중요하지 않다. 중요한 것은 행동이다.

우리 동네 쇼핑센터에서 한 여성이 자동차 안에 앉아 안전띠를 매면서 차 문을 열고 사용한 음료수 컵을 차 밑으로 던져넣는 모습을 본 적이 있다. 그러고 나서 그녀는 차 문을 쾅 닫고는 아직 내용물이 반이나 들어 있어 액체가 줄줄 새어 나오는, 뚜껑 밖으로 빨대가 쑥 나와 있는 종이컵을 시멘트 바닥에 놔둔 채 차를 몰고 사라졌다. 내가 맨 처음 한 생각은 이랬다.

"사람들은 어째서 우리 환경에 저렇게 무심한 걸까?"

그와 거의 동시에 나는 행동에 들어갔다. 나는 텅 빈 주차장으로 걸어가 컵을 집어들고 근처에 있는 휴지통에 버렸다 뭔가 해야 할 일을 보면 나는 대개 아무 고민 없이 한다. 내 안에 있는 즉흥연기자는 누구의 일인가를 따지기보다 바로 행동을 취하도록 길들여졌다. 내가 해야 할 일이라는 생각이 들고, 또 나에게 그 일을 할 수 있는 능력이 있다면 그 일은 언제나 나의 몫이다.

중요한 일일수록 빨리 해치우는 것이 현명하다. 중요한 일을 미루다 보면 문제만 복잡해진다. 쉽게 말해 일의 망령이 들러붙는다. 자신의 행복에 가장 중요한 일을 하는 것으로 하루를 시작하자.

어느 저명한 인류학자는 힘든 일일수록 아침에 눈을 뜨자마자 맨 먼저 해치운다고 털어놓았다. 그에게 힘든 일은 글쓰기였다. 당신에게 가장 중요한 일은 무엇인가?

행동하기는 동료가 있으면 한결 쉬워진다. 강좌에 등록하거나 동아리에 가입할 경우 앞으로 나갈 기회가 자연스럽게 늘어난다. 즉흥연기는 공동 예술이다. 단원들이 모습을 드러내면 행동은 저절로 뒤따른다.

우리는 서로에게서 기운을 얻는다. 혼자서는 따분해 보이는 일도 친구들과 함께 하면 파티가 될 수 있다. 일을 나누는 것은 유서 깊은 전략이다. 옛날에 누비이불 만드는 여자들의 모임이나 헛간 준공식을 생각해보라. 찾아보면 요즘의 삶에서도 그와 비슷한 성격의 모임이 있지 않을까?

친구들의 힘을 간과해선 안 된다. 우정을 격려의 말에만 기대고 있는가? 행동을 통해 우정을 더욱 돈독히 쌓는 것은 어떤가? 관계는 뭔가 유용한 일을 함께 할 때 성장한다. 선동가가 되자.

친구와 정기적으로 만나 둘 모두에게 필요한 일을 계획해 보면 어떨까. 예를 들면 걷기 운동을 위해 일주일에 세 번 매일 아침 7시에 만난다 등등. 아니면 친구를 초대해 미뤄두고 있는 일을 함께 해치울 수도 있다. 예를 들어 벽장 정리를 함께 한다든지, 자선단체에 기져다줄 옷을 함께 고른다든지. 서로 도움을 주고받는 모임을 만들어 어려운 일을 할 때 친구와 함께 해보자.

★ try this...

하기 싫어 미루고 있는 일일수록
일정을 짜야 한다.
달력이나 수첩에 일정을 적자.
구체적인 시간을 정해 꼬박꼬박 지키자.
첫 걸음을 떼어놓는 데 집중하자.
어떤 행동부터 시작할 것인가?
전화 걸기? 냉장고 비우기? 서류 정리?
빗자루 집어들기? 사과 편지 쓰기?

* 멈춰 서서 숙고하기

'지금 행동하라'라는 원칙이 일중독자에게나 해당되는 처방전이라고 생각하는 사람이 있을지도 모르겠다. 그렇지 않다. 건설적인 행동은 명확한 목적에서 나온다. ('경로 유지하기'를 기억하자.) 하지만 더러 기다림이, 휴식이 필요할 때도 있다. 무턱대고 앞으로 나아가는 것은 무모할 수도 있다. 어느 즉흥연기자의 말이 그 점을 일깨워준다.

"무작정 덤비지 말라. 그 자리에 서 있으라."

우리의 목표는 언제나 적절한 행동, 다시 말해 필요한 일을 하는 데 있다. 때로 이 말은 앞으로 나아가기 전에 아무것도 하지 않는 가운데 다른 사람들의 움직임을 주의 깊게 지켜보라는 뜻이기도 하다.

나는 그림의 일부가 아니라 전체를 바라보는 훈련을 한다. 자극에 대한 반사 반응은 현명하게 대처하는 능력을 빼앗아갈 수도 있다. 누구에게나 맹점이 있기 마련이다. 나의 첫번째 반응이 과연 적절한지 확인하는 것이 지혜롭다.

어느 날 아침 샌프란시스코의 스턴 그로브를 산책하다 낯선 동물과 마주쳤다. 길이는 약 20센티미터에 적갈색을 띤 그 동물은 언뜻 작은 가재나 새우처럼 보였다. 유독 그 녀석만 호수 안이나 주변에 있지 않고 물에서 멀리 떨어진 시멘트 보도 한가운데 있었다.

알고 봤더니 꽤 큰 전갈인 그 생명체는 기운이 아주 팔팔했고 동쪽 방향으로 이동하고 있었다. 나도 같은 방향으로 가고 있었다. 녀석은 천천히 앞으로 나아갔다. 나는 그 자리에 멈춰 서서 녀석이 가재처럼 앞으로 기어가는 모습을 관찰했다. 녀석의 감각은 내가 자기 뒤에서 따라오고 있다는 사실을 아직 알아차리지 못한 듯했다.

20분 후 되돌아오는 길에 나는 다시 녀석과 마주쳤다. 이번에는 내가 녀석을 향해 똑바로 가고 있었다. 내가 자신의 시야 안에 들어서자 그 작은 녀석은 갑자기 공격 자세를 취하며 뒷다리로 서서 내게 그 무시무시한 집게발을 흔들어댔다. 녀석은 그렇게 두 다리로 출전의 춤을 추고 있었다. 아마도 방어 전략인 듯했다.

"알았으니까 그만해."

나는 속으로 이렇게 말했다.

"하긴 본능인 걸 어쩌겠어."

나는 내 길을 계속 가다가 10미터쯤 지나 뒤돌아보았다. 녀석은 아직도 뒷다리로 서서 사나운 기운을 내뿜고 있었다. 위험이 지나갔는데도 녀석은 여전히 자신을 방어하고 있었다. 불쌍하게도 녀석은 기운을 너무 많이 빼고 있었다. 커다란 그림자가 이제는 멀어졌고, 자신을 해칠 조짐은 어디에서도 보이지 않는다는 사실을 녀석은 알아차리지 못했다.

내게 이 사건은 첫번째 반응과, 숙고하고 나서 반응을 보여야 하는데도 습관적으로 반응하는 경우가 얼마나 많은지를 생각하게 해주었다. 우리 모두 무릎 반사 반응을 경험해보았다. 반응은 두 부분으로 나뉜다. 즉 어떻게 느끼는가와 무엇을 하는가이다.

예를 들어 책상을 치우다 두 달 전 전화요금 청구서를 발견한다고 가정해보자. (보통은 나의 남편 책임이고, 정산되지 않은 청구서는 나의 신경을 건드린다.) 처음에 나는 내 감정에 주목한다. 화가 치민다. 내가 감정에만 따라 행동한다면 남편에게 잔소리를 해댈 수밖에 없다. 대신 무엇이 필요한지를 고려할 경우 나는 좀더 건설적으로 상황에 접근할 수 있다.

먼저 나는 전화요금이 아직도 연체 중인지 확인해야 한다. 지불되었을 가능성도 배제할 수 없다. 그렇지 않다면 상황을 해결하기 위해 내가 할 수 있는 일이 무엇인지 알아보아야 한다. 내 손으로 전화요금을 낸다면, 물론 끝까지 비밀로 남을 가능성은 매우 적지만, 데이비드 K. 레이놀즈가 '은밀한 봉사'라고 부르는 것을 하는 셈이 된다.

겨우 한순간의 숙고만으로도 나는 주먹을 흔들어야 할 필요가 없다는 결론에 이른다. 감정이 행동을 지배하도록 놔두는 것은 어리석은 습관이다. 언제 어디서나 감정이 귀에 거슬리는 말이나 무례한 행동을 정당화하는 구실이 될 수는 없다.

사건이 일어났을 때 보이는 나의 첫번째 반응은 통제할 수 없다 하더라도 그후의 나의 행동은 통제할 수 있다. 행동은 신중하게 선택해야 한다. 그것이야말로 개인의 진정한 힘이다.

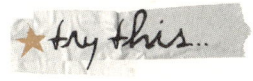

1. 간단한 습관부터 바꿔보자.
_ 예를 들어 아침에 커피를 마실 때 머그잔 대신 프랑스인들처럼 주발을 사용하거나, 터키 사람들처럼 자그마한 유리잔을 사용해 보자.
_ 출근할 때 차에서 내려 사무실까지 바쁘게 걸어가지 말고 주변을 관찰하면서 아주 천천히 걸어가 보자.

2. 매일의 일정을 한 시간만 바꿔 어떤 일이 일어나는지 살펴보자.
_ 평소보다 한 시간 일찍 잠자리에 들고 다음날 한 시간 일찍 일어나 한 시간 일찍 출근해 보자.
_ 사무실에 도착해 진에는 한 번도 해보지 않았던 일에 도전하자.
_ 예를 들어 산책을 하거나, 잡지를 읽거나, 책상을 정리하거나,
_ 그저 숨을 가다듬으면서 여분의 시간을 즐겨보자.

3. 집에 갈 때 새로운 길로 가보자.
_ 집에서 직장까지 또는 아파트에서 가게까지 새로운 길을 알아내 이용해 보자.
_ 이정표와 초목에 관심을 기울이자.
_ 일주일 동안 매일 다른 길을 골라 주변에 무엇이 있는지 관찰해 보자.

★12 누군가의 수호천사가 되는 즐거움

...... take care of each other

서로 배려하기

우리는 공동생활의 산물이다.
개인이든 사회든 문화든 서로 배려하는 법을 배운 쪽이,
서로 사랑하는 법을 배운 쪽이,
서로 관계를 풍성하게 하는 법을 배운 쪽이
그렇지 않은 쪽보다 살아남는 확률이 더 높았다.
이는 지난 몇만 년의 역사가 입증해준다.
_ 딘 오니시 박사의 〈사랑과 생존Love and Survival〉 중에서

★ 작은 배 한 척이 파도가 높은 바다에 떠 있다고 가정해 보자. 배 안에는 즉흥연기자 다섯 명이 폭풍우가 가라앉기를 희망하면서 서로 꼭 붙어 있다. 이들은 살아남으려면 서로가 서로에게 관심을 기울이면서 도움을 주고받아야 한다는 것을 알고 있다.

배우는 대본 없이 관객 앞에 나서야 하는 상황을 가장 두려워한다. 그런 상황에서 배우들은 어떻게 대처할까? 각자가 서로를 배려한다. 이기심은 이런 상황에서 아무런 도움이 되지 못한다. 1인 코미디에서는 순전히 혼자 힘으로 성공할 수도 있지만 여러 명이 공연하는 즉흥연극에서는 어림도 없다.

훌륭한 즉흥연기자는 너그러운 마음씨, 정중한 태도, 팀원들의 요구를 파악하고 맞춰주는 능력이 특징이다. 상대를 배려하는 사람

은 위기 상황에서 누구나 함께 있고 싶어하는 사람이다.

불교 선문답 가운데 뼈가 시리도록 추운 겨울에 둑을 따라 걸어가는 두 수도승에 관한 이야기가 있다. 눈보라가 사납게 휘몰아치는 가운데 사방에 눈이 수북이 쌓여 있다. 선배 수도승이 비좁은 둑길에서 발을 헛디뎌 3미터 아래의 눈 덮인 틈새로 굴러 떨어진다. 후배 수도승이 상황을 판단해보니 선배를 무사히 끌어낼 방도가 없다. 이 때 후배 수도승은 어떻게 해야 할까.

뜻밖에도 후배 수도승 또한 그 나락으로 뛰어들어야 한다는 게 답이다. 더러 우리가 할 수 있는 일이란 다른 사람과 고통을 나누는 것밖에, 그 사람 곁에 있어주는 것밖에 없을 때가 있다. 해결책도 없고, 치료제도 없다. 하지만 우리는 동료 혼자만 고통 속에 놔두지 못한다.

즉흥연기자는 동료가 무대 위에서 쩔쩔매고 있는 것처럼 보이면 지체 없이 도우러 나선다. 둘은 힘을 합쳐 상황을 개선하려고 노력한다. 선문답에 나오는 후배 수도승의 경우처럼 달리 해결책이 없다면 즉흥연기자들은 당황하는 친구 옆에 그저 있어준다.

어떤 고통은 피할 수도 없고 해결책도 없다. 사랑하는 사람이 몹쓸 병에 걸리거나, 사고가 일어나거나, 기르던 애완동물이 죽거나, 갑자기 비극이 닥치는 경우가 그렇다. 서로 돕고 배려하는 우리의 능력은 바로 이런 순간에 빛을 발한다.

즉흥연극의 무대는 연기자들이 서로에게 최선을 다하면서 희생하고, 같이 넘어지고, 서로를 일으켜 세우고, 누구 한 사람이 발을 헛디디면 함께 고통을 나누기 위해 구덩이로 뛰어드는 영원한 위기 지역이라고 해도 과언이 아니다.

이러한 상호 격려의 분위기가 주는 희열과 안전을 경험하고 나면 단원들은 그것이 바로 협력의 핵심이라는 점을 깨닫는다. 그러한 깨달음은 곁에 우리를 늘 보살펴주는 수호천사가 있는 것과 비슷하다. 우리도 누군가에게 수호천사가 될 수 있다

★ try this...

수호천사가 되어보자.
친구나 동료, 가족 중 한 명을 골라
그 사람을 주시하면서 그의 고통을 덜어주거나,
그녀의 세상을 밝게 해주거나,
그가 진행하고 있는 일을
거들 방법은 없는지 찾아보자.
그녀에게 감사 편지나 격려의 글을
써서 보내자.

* 지배권 공유하기

즉흥연극 무대에서 연기자들은 외부인에게는 신기해 보일 수도 있는 방식으로 늘 함께 일한다. 관객은 아무리 즉흥연기자라고 하

지만 실은 일정한 공식이나 사전 계획에 따라 움직인다고 생각할 때가 많다. 인간이 사전 동의 없이 그토록 조화롭게 손발을 맞출 수 있다는 게 불가능해 보이기 때문이다. 스티븐 나흐마노비치는 《자유 연극 Free Play》에서 이러한 현상을 다음과 같이 설명한다.

> 나는 파트너와 함께 연기한다. 우리는 서로에게 귀 기울인다. 우리는 서로 실수한다. 우리는 우리가 듣는 것으로 연결되어 있다. 그도 내가 어디로 갈지 모르고 나도 그가 어디로 갈지 모르지만 우리는 서로를 예상하면서 느끼고, 이끌고, 뒤따라간다.
> 합의된 구조나 수단은 없지만 5초만 연기하고 나면 구조가 생긴다. 우리는 이미 뭔가를 시작했기 때문이다. 우리는 마치 끝없이 나오는 중국 상자 한 벌처럼 서로의 마음을 연다. 신비로운 정보가 시각이나 청각을 통해 보낼 수 있는 신호보다 훨씬 더 빨리 앞뒤로 흘러다닌다.
> 비록 우리 고유의 특징, 스타일, 원래 성격의 징후가 여전히 힘을 발휘하긴 하지만 이 일은 어느 한 예술가에게서만 나오지 않는다. 마찬가지로 이 일은 타협이나 중간 지점(평균은 늘 지루하다!)에서 나오는 것이 아니라 우리 중 어느 누구의 개성도 두드러지지 않는 제3의 장소에서 나온다. 우리를 끌어당기는 완전히 새로운 세번째 스타일이 있다. 마치 우리가 독특하면서 예측할 수 없는 장소를 통해, 즉 집단 성격이나 집단 두뇌를 통해 고유의 성격과 고유의 존재 방식을 지니는 집단 유기체가 되는 듯하다.

정해진 공식 없이 그때그때 함께 일하는 법을 배우는 것이 즉흥연기의 핵심이다. 재즈 음악가들이 우리 앞에서 연주를 주고받으며 조화를 이루고, 선율을 만들어내고, 필요할 때 딱 끝내는 모습을 지켜볼 때도 우리는 이러한 능력을 감지하게 된다.

이 무언의 동시성은 보통사람의 삶 속에서도 발견할 수 있다. 훌륭한 팀은 모두 이러한 특성을 가지고 있다. 팀원들은 서로를 주의 깊게 살피면서 언제 행동하고 언제 물러나야 할지를 그냥 아는 것 같다.

나는 이러한 종류의 대화가 흘러다니는 한 식당 주방을 본 적이 있다. 절 주방이 때로 이와 비슷하다. 이런 방식으로 운영되는 팀이나 앙상블, 합창단, 악단, 위원회는 우리 주변에 생각보다 많다. 물론 훌륭한 팀워크는 각종 강연회, 세미나, 야생 체험 모임의 마르지 않는 주제다.

보통사람도 훈련하면 즉흥연기자들처럼 일할 수 있다. 주의 깊게 듣고, 다른 사람의 행동을 관찰하고, 기여하고, 지지하고, 앞장서서 이끌고, 뒤따라가고, 간극을 메우고, 마무리를 해야 할 때를 찾아내는 것과 같은 즉흥연기자의 '재능'은 얼마든지 학습이 가능하다.

독립성을 소중히 여기는 우리 같은 사람들에게 지배권 공유는 가장 배우기 어려운 교훈일 수 있다. 나의 학생들은 앞장서거나 뒤따르는 것에 대해 많이 알고 있다. 즉흥연기자의 관점에서 보면 지배권을 다루는 기존의 방법에는 결함이 있다. 지도자가 책임을 도맡아 모든 결정을 내리고, 쇼를 공연하는 것이 쉬울 수도 있지만 그럴 경우 그 과정에는 그의 시각만 들어가게 된다.

그의 '추종자들'은 지시를 따르면서 멍청히 자기 차례가 오기만 기다린다. 추종자로서 성공하려면 자신의 생각과 취향을 지도자의 의지 아래 두어야 한다. 추종자는 풍파를 일으키지 않고 복종하면 거기에 상응하는 대가를 받는다. 물론 지도자는 작은 일에서부터 큰일에 이르기까지 혼자서 생각해내고 모든 사람에게 지시를 내려야 한다.

즉흥연극의 세계에서 일할 때 중요한 원칙 가운데 하나는 지배권 공유다. 이러한 원칙은 "나는 이끌 테니 너희는 따라와라."라는 모델과는 사뭇 다르다. 이끄는 사람이나 따라가는 사람이나 모두 긴장과 활력을 유지해야 하며, 실제로 누가 지도자인지는 순간순간 바뀐다는 점에서 그렇다. 둘 다(또는 둘 이상이라면 모두) 늘 책임을 지지만 어느 누구도 절대적인 의미에서 '지배권'을 행사하지 않는다. 즉흥연기자 전원이 새로운 현실에 늘 적응하면서 상황을 전개할 권리와 책임을 진다. 그 과정에서 누구든 필요한 일을 하는 것이 행동 지침이 된다.

이러한 원리가 원활하게 돌아가게 되면 즉흥연기자들은 사실 책임을 지는 사람은 아무도 없으며, 그보다는 자신들을 이끌어가고 있는 이야기에 양보하고 있는 듯한 느낌을 받는다. 이는 참가자 중 누구도 포인터를 밀지 않았지만 모두가 메시지를 받는 위저보드::의 원리와 비슷하다.

즉흥연기자가 여기서 배양하는 기술은 순간의 요구와 외부의 초점을 놓치지 않는 집중력이다. 즉흥연기자는 구경꾼의 시각을 견지하면서 이야기가 너무 밋밋하게 전개된다 싶으면 망가진 자동차에서 승객을 끌어내거나 악한을 등장시킨다. 지배권을 공유하려면 매 순간 깨어 있으면서 순간의 정보에 따라 행동해야 한다.

즉흥연기자에게 "그건 내 일이 아니야."라는 기존의 반응은 변명이 될 수 없다. 그 일을 할 필요가 있고, 또 내가 마침 그 자리에 있어 그 일을 할 수 있다면 그 일은 언제나 나의 몫이다. 주방을 청결하게 유지하는 다음의 두 가지 전략은 서로 다르다.

'레프트 브레인 하우스'에서는 모든 일을 주의 깊게 할당해 집 알림판에 붙여놓는다. 금요일에 메리는 설거지를 하고, 톰은 요리를 한다. 설레스트는 쓰레기를 내다버린다. 따라서 설레스트는 부엌에 들어가 산더미처럼 쌓인 채 자신을 노려보고 있는 설거지거리를 본다 해도 아무렇지도 않게 그 앞을 지나쳐 쓰레기 봉지만 집어들면 된다. 봉지를 다 버렸으면 그녀는 두 다리를 느긋하게 뻗고 TV를 시청하면서 메리는 아직 덜 끝났는데 자신의 일은 끝난 것을 흐뭇해한다.

반면 '라이트 브레인 하우스'에서는 세 명의 연기자가 모두 필요한 일을 하는 데 책임이 있다. 이러한 원칙에 따라 누구든 먼저 설거지거리를 본 사람이 씻는다. 시간이 지나 그중 한 사람이 실은 일이 공유되고 있지 않다는 데 생각이 미치면 나머지 사람들에게 곧바로 그 점을 일깨워준다.

'억지로 내모는' 사람(늘 상황을 통제하거나 지배한다)이나 '마지못해 따라가는' 사람(기여하지도 책임을 받아들이지도 못한다)이나 모두 실수하고 있기는 마찬가지다. 이 점을 지적하는 것만으로도 개선이 시작된다. 즉흥연기자의 정신은 평등주의를 추구한다.

인간은 서로 협조하길 바란다고 나는 믿는다. 하지만 낡은 틀과 반사 작용이 지배권을 공유하는 데서 나오는 협조의 기쁨으로부터 인간을 떼어놓는다. 남편과 나는 많은 경우 서로 협조해서 집안일을 처리한다. 지배권을 공유할 경우 많은 이점이 있지만 그중에서도 아무 일도 하지 않고 조용히 있으면서도 긴장을 유지할 수 있다는 이점이 있다. 우리는 늘 책임을 지지만 상황을 지배하지는 못한다. 다만 우리가 맡은 역할에 충실할 뿐이다. 삶도 이와 비슷하지 않을까?

★ 지배권 공유를 위한 몇 가지 조언

- 긴장하라. 눈을 크게 뜨라.
- 숨을 고르면서 여유를 가지도록 노력하라.
- 현재의 상황에 주목하라. 집중, 집중, 또 집중하라.
- 다른 사람들은 어떻게 행동하고 말하는지 관찰하라.
- 자신의 기분을 개입시키지 말고 있는 그대로의 현실을 직시하라.
- 순간을 파악하라.
- 실수를 했다면 다음에 무엇이 필요한지에 집중하라.
- 이 일을 하는 것이 과연 옳은지 의심이 들 때도 계속 행동하라.

* 친절과 함께 놀기

우리 스탠퍼드 즉흥극단에 쏟아지는 무수한 찬사 중에서도 나는 특히 다음과 같은 칭찬이 가장 자랑스럽다.

"스탠퍼드 즉흥극단 단원들은 이 지역에서 가장 친절하다. 그들 곁에 있으면 그저 즐거울 따름이다."

모든 극단이 다 친절한 태도를 연기의 기본 요소로 강조하진 않지만 우리는 그렇다. 처음 보는 사람들과 일할 때가 많기 때문에 친절이 더러 우리의 무기가 되기도 한다. 물론 친절은 우리가 서로를 배려하는 방법 가운데 하나이기도 하다. 그래서 종종 '너 자신부터 배려하라' 라는 그 반대의 메시지가 단원들 입에 오르내리기도 한다.

환경운동가이자 작가인 빌 매키븐은 우리가 세상을 인식하는 방법을 이해하려는 노력의 일환으로 색다른 체험을 했다.

1990년 그는 버지니아 페어팩스에 있는 한 유선방송사의 프로그램 모두를 24시간 내내 테이프에 담았다. 그러고 나서 1700시간의 가치에 달하는 비디오테이프를 애팔래치아 산맥에 자리한 집으로 가져가 1년 반 동안 시청했다.

《정보를 놓치는 시대 The Age of Missing Information》라는 제목의 책으로 나온 그의 시청 소감은 특별히 새삼스럽지 않다. 그는 버몬트에서 열린 한 강연회에서 자신의 시청 소감을 다음과 같이 요약했다.

비단 수많은 수다와 소음만 우리에게 계속 전달되는 것이 아니다. 수다를 통해, 그 모든 소음을 통해 우리에게 전달되는 것에는 매우 깊은 메시지가, 모종의 신호가 있다. TV를 시청하면서 계속 떠오른 생각은 우리 각자가 이 우주의 중심이며, 지구상에서 가장 중요한 존재라는 점이다. 우리는 주변에서 가장 무거운 물체이며, 모든 게 우리의 편의와 편리를 중심으로 돌아가야 직성이 풀린다. 이것이 당신의 모습이다.

계속해서 그는 이러한 메시지가 우리의 본성 일부에 호소력을 지닌다 하더라도 우리의 의식 깊숙한 곳에서는 다음을 잘 알고 있다고 말했다.

"누가 뭐래도 우리는 지금보다 자연과 더 많이 교감하도록, 우리의 근육과 감각을 더 많이 움직이도록, 우리와 함께 진화해 온 그 모든 생명체와 교류하도록 진화했다. 마찬가지로 우리는 이메일이 아니라 살과 살을, 얼굴과 얼굴을 맞대고 서로 교류하도록 진화했다."

이것이 즉흥연기가 지니는 큰 매력 가운데 하나다.

신중한 생각과 친절과 함께 놀면 안정감이 증진된다. 머리끝이 쭈뼛거릴 만큼 위험한 일을 할 때, 특히 혼돈의 와중에서는 이 두 가지가 필요하다.

경쟁을 협조로 대체해야 한다. 이 옛날 방식의 미덕을 발굴해 연구하고 실천해야 한다. 이러한 가치는 비단 즉흥연극 무대에서만 빛을 발하지 않는다.

친절은 동료와 친구와 이웃이라는 상을 준다. 가정이 화목해지는 데에도 친절이 필요하다. 다른 사람들의 편의를 먼저 생각하라. 비난을 멈추고 주의 깊게 듣고 상대방의 이야기에 관심을 기울이자. 상대방의 꿈과 관심을 밀어줄 수 있는 방법을 찾자.

나의 남편 론은 마라톤을 좋아한다. 나는 기본적으로 움직이길 싫어하고, 또 스포츠에도 별로 관심이 없다. 남편은 달리기 이야기를 할 때면 신바람이 나서 급수대와 자기 심장박동의 변화까지 자세히 설명한다. 달리기 이야기가 나오면 대개 나는 귀담아듣는 척하다가 기회를 봐서 화제를 나에게 좀더 관심 있는 무언가로 돌려놓는다.

하지만 최근 들어 남편의 이야기에 실제로 귀를 기울이면서 남편의 경험에 대해 질문을 던지기 시작했다. 친구들에게도 나는 남편의 노력과 목표 의식을 칭찬한다. 남편에게 마라톤 잡지 구독권을 사서 선물로 주었고, 경주가 시내를 벗어나 열릴 때는 따라나서기도 한다. 실리콘밸리 마라톤 대회 때는 자원해서 스포츠 음료를 나누어주기도 했다. 나는 지금 남편의 달리기 사랑을 지원하기 위해 내가 할 수 있는 일을 열심히 찾고 있다.

나의 태도 변화는 당연히 긍정적인 결과를 가져왔다. 나는 남편의 세계에 흥미를 갖게 되었고, 더 이상 나의 관심을 속일 필요가 없다. 아직 보스턴 마라톤 대회에는 출전하지 못했지만 여성 전용 헬스클럽에 등록해 즐겁게 운동하고 있다.

이제 남편과 나는 우리의 운동에 대해 서로 이야기를 주고받는다. 이 행복한 사건의 사슬 구조는 '나의 파트너를 행복하게 해주는' 방법을 찾다가 시작되었다. 덕분에 우리의 사랑도 자라나고 있다. 친절은 베푸는 사람에게 열 배로 돌려준다.

삶에 신중한 생각의 원리를 적용하면 관계가 깊어지고 우정이 쌓일 뿐만 아니라 결혼생활까지도 수선할 수 있다. 일을 친절하게 하는 것과 친절한 일을 하는 것 모두 중요하다.

1947년 기업 카운슬러이자 금융가인 데이비드 던은 『포브스』에 이어 『리더스 다이제스트』에 기사를 게재했다. 이 기사는 결국 《자신을 내어주려고 노력하라 Try Giving Yourself Away》라는 제목의 자그마한 책으로 출간되었다. 던은 책에서 하루도 거르지 않고 매일 실천했던 일을 소개한다. 그는 우리에게는 저마다 내어줄 것이 있으며, 우리가 줄 수 있는 선물은 개인에 따라 각기 다르다고 지적한다.

"우리 가운데 일부는 여분의 시간을 가지고 있고, 또 일부는 여분의 정신력이나 육체의 힘을 가지고 있다. 또 일부는 특별한 솜씨나 기술, 재능을 가지고 있다. 그런가 하면 기발한 생각, 상상력, 조직하는 능력, 통솔력이라는 선물을 가진 사람들도 있다."

이 목표에 매진하면서 던은 목표를 이루기 위해 자신이 할 수 있는 일이 작지만 무수히 많다는 점을 깨달았다.

그가 실천한 원리는 긍정적인 생각에 말을 거는 것이었다. 식당에 앉아 맛있는 음식을 먹을 때면 그는 늘 누군가에게 그 경험을 알려주었다. 예를 들어 곧바로 주방으로 걸어 들어가 요리사를 칭찬하거나, 아니면 집에 도착하는 대로 편지를 썼다. 많은 경우 그는 자신을 즐겁게 해주는 일에 책임이 있는 사람을 찾아내선 그 사람에게 칭찬과 감사의 말을 전했다.

최근에 나는 스댄퍼드가 탄생지인 인터넷 검색엔진 구글의 CEO에게 감사 편지를 썼다. 이 공짜 제품이 여러 모로 나의 생활을 편리하게 해주고 있다는 생각이 문득 들어서였다.

나는 나의 아버지가 계시는 버지니아의 요양원 사진을 찾는 데, 크리스마스 여행지로 점찍어둔 베니스의 숙박시설을 예약하는 데, 제곱미터를 체적도량법으로 환산하는 데, 비행기 표를 구입하는 데, 인용문을 검색하는 데, 옛날 친구의 주소를 확인하는 데 등등 그 제품이 그 주에만 나를 도와준 사례 스무 가지를 적어 보냈다.

몇 주 후 회사에서 내게 보내는 소포가 도착했다. 소포에는 무료 티셔츠와 야구 모자, 펜, 노트가 들어 있었다. 내가 아무리 되갚으려고 애써도 세상은 계속 내게 주기만 하는 것 같다.

다른 사람들을 먼저 생각하라. 자신의 편의보다 다른 사람들의 편의를 우선으로 여기라. 습관처럼 자신의 편의를 더 중요하게 여기는 반응은 뭐가 있는지 확인해보라. 언제 그런 반응을 보이는지 눈여겨보라. 다른 사람을 먼저 생각할 경우 우리의 기분은 몰라보게 풍요로워진다.

try this...

이 지구를 위해 뭔가 친절한 일을 하자.
자동차 범퍼 스티커의
"아무나 골라 친절을 베푸세요."라는
문구 기억하는가?
이웃이나 직장에서
작지만 누군가는 해야 할 일을 찾아보자.
생색내지도 말고 아무에게도 말하지 말고
친절한 일을 하자.
예를 들어 쓰레기통을 찾지 못한 휴지를 줍거나,
방치된 것처럼 보이는 식물에 물을 주거나,
오솔길에 떨어진 나뭇가지를 치우는 일 등등.

* 진심으로 듣기

 즉흥연기자는 상대가 하는 말에 귀 기울여야 한다. 상대방의 입에서 나오는 단어 하나하나가 중요하기 때문이다. 직업 배우들은 듣기를 예술의 경지로까지 끌어올린다. 연기자는 한번 언급된 사실은 모두 기억해야 한다. 언뜻 하나도 중요해 보이지 않는 사소한 점이 이야기의 핵심으로 떠오를 수도 있기 때문에 말해지는 것(또는 그 주제와 관련해 행동으로 나타나는 것)은 모두 이해되고 기억되어야 한다.

트루 픽션 매거진 극단의 단원들은 간단한 훈련으로 듣기 능력을 기른다. 단원 한 사람이 3분 동안 이야기를 하거나 어떤 주제를 아주 자세히 설명한다. 그 사이 그녀의 파트너는 열심히 듣는다. 이야기가 끝나면 듣는 역할을 맡은 파트너는 그 즉시 이야기를 똑같이 되풀이하기 시작한다.

목표는 화자의 말을 정확하게 옮기는 데 있다. 이때 자세한 사항과 지명을 화자가 말한 순서대로 똑같이 재현해야 한다. 언뜻 어려운 일처럼 보이지만 약간만 훈련하면 가능하다. 우리 모두 이런 능력을 끌어올릴 수 있다. 일정 정도 노력이 필요하긴 하지만 그 결과는 놀라울 수 있다.

제목이 딱 어울리는 W. A. 매튜의 《듣기 책 The Listening Book》은 듣기 능력을 키우고자 하는 사람들에게 보석처럼 귀중한 게임과 연습문제를 제시한다.

* 받은 것보다 더 많이 주기

너그러움은 친절의 전제조건이다. 너그러운 사람은 부자다. 너그러운 마음씨는 우리가 얼마나 많이 가지고 있느냐와는 아무 상관이 없다. 나누어주려는 의지만 있으면 된다. 너그러움은 '맞아. 그리고……'의 원리와 관련되어 있다. 연기자들은 자신의 역할은 받는 것보다 더 많이 주는 것이라는 점을 잘 안다.

스탠퍼드에서 나는 메이필드 펠로 프로그램(MFP)이라는 엘리트 양성 과정에 선발되는 영예를 안은 젊은 기업가들을 대상으로 팀 구축 워크숍을 진행해달라는 부탁을 여러 번 받았다. 9개월 과정의 MFP는 신생 과학기술 기업을 키우는 데 필요한 이론과 실무 교육에 주안점을 두었다.

프로그램 책임자 톰 바이어스 교수는 학생들에게 지침을 나누어주었다. 그는 내게 기업가로서 성공하려면 다음의 다섯 가지 원칙이 반드시 필요하다고 말했다.

1. 정시에 나타나라.
2. 사람들에게 친절하라.
3. 하겠다고 말한 것을 반드시 지키라.
4. 약속한 것보다 더 많이 내어주라.
5. 열정을 가지고 일하라.

이들 원칙은 즉흥연기자에게 필요한 조언처럼 들린다. 그중에서도 기업가는 자신이 약속한 것보다 늘 더 많이 내어주어야 한다는 원칙은 비단 기업가뿐만 아니라 삶을 살아가는 사람 모두에게 매우 의미심장하다. 가능한 한 너그러워지라.

서로를 배려하는 습관을 기를수록 환경을 비롯해 우리 삶의 모든 것을 정중하게 대하는 태도가 자연스레 확산되어 간다. 우리에게 도움을 주는 물건을 소중히 다루는 것은 너무도 당연한 일이다. 존중하는 마음은 사람들에게만 그쳐선 안 된다.

에드워드 에스프 브라운은 조리법과 명상을 다룬《토마토의 축복과 무의 가르침 Tomato Blessings and Radish Teachings》이라는 재미있는 책에서 선문답에 나오는 처방전을 소개한다.

"한 손으로 두 가지를 나르려고 하지 말고 두 손으로 한 가지를 나르라."

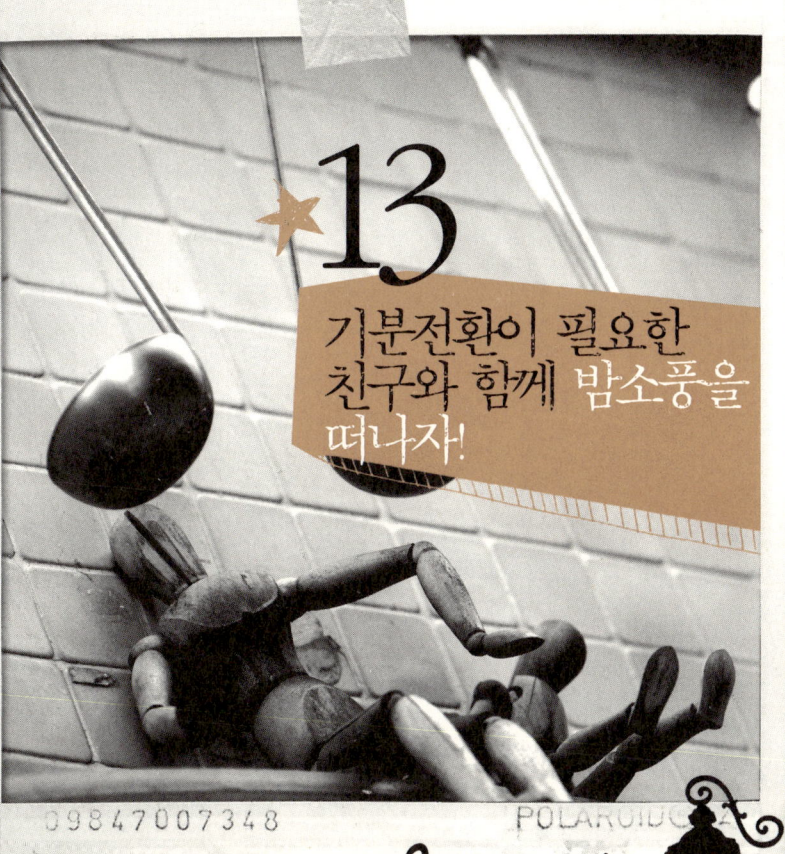

삶에 흥을 더하기

때로 우리 자신의 기쁨이 우리가 미소짓는 이유가 되기도 하지만
때로는 다른 사람의 기쁨이 우리가 미소짓는 이유가 되기도 한다.
_ 틱낫한

★ 나는 우리가 야기하는 떠들썩한 소란을 늘 미안하게 생각하지만 시끄럽게 굴지 않고 즉흥연기를 가르치는 방법을 아직 찾아내지 못했다. 스탠퍼드 연극학과 건물에 있는 나의 강의실은 소음, 쿵쾅거리는 소리, 비명 소리, 왁자지껄한 웃음소리가 가실 날이 없다. 지나가는 사람이 본다면 어떻게 이런 난리법석이 진지한 배움에 기여할 수 있는지 의아해할 것이다.

하지만 도움이 된다. 흥은 정신을 느슨하게 풀어준다. 유연한 정신은 경직된 정신과 다르게 작용한다. 희희낙락하는 순간이 가져다주는 즐거움은 학습 효과를 높여줄 뿐만 아니라 지적인 발견이나 사회적인 발견에 필요한 분위기를 조성한다. 물론 웃음이 꼭 필요한 요소는 아니지만 학습 과정에서 굳이 웃음을 배제해야 할 필요

는 없다.

부처와 모나리자 모두 얼굴에 수줍은 듯 미소를 띠고 있다. 어쩌면 고통의 한가운데서도 미소를 지을 만한 게 있을지도 모른다.

전통적으로 '흥'은 일이나 일을 처리하는 것과는 관련이 없는 단어다. 흥은 일이 끝난 후에 찾아온다. 아이들과 강아지들은 신나게 뛰어논다. 어른들은 진지하게 일에 몰두한다. 어른의 사전에는 '흥'이라는 말이 없다. 이제부터라도 바꾸어보자.

영양학이라는 따분하기 쉬운 과목을 가르치면서 유머라는 햇살을 사용하는 내 예전 제자의 창의력은 나에게 영감의 밑거름으로 작용한다. 얼마 전 브래들리 니더 박사가 스탠퍼드를 떠난 후의 근황을 편지로 알려왔다. 자칭 '건강한 익살꾼'인 브래드는 내과 전문의이자 대중 연사로서도 명성이 높다. 그는 수업 시간에 배운 기술을 활용해 농담과 리듬감 넘치는 말투, 우스갯소리로 건강에 좋은 생활 습관(잘 먹고, 꾸준히 운동하는 등의)을 널리 알리고 있다. 웃음이 정말 가장 좋은 약이냐는 질문에 그는 이렇게 대답했다.

"약의 효능이라는 측면에서는 무엇보다도 페니실린이 뛰어납니다. 모르핀도 기가 막히게 듣지요. 하지만 웃음은 훨씬 더 강력합니다."

과학도 자연스런 놀이의 가치를 인정한다. 동물들은 나뭇잎 더미 속에서 구르고, 남이도는 에너지와 열량을 소비하고, 놀이를 하면서 나돌아 다닌다. 우리 집에서 기르는 늙은 고양이는 화장지 포장지를 뭉쳐 만든 종이 공을 쫓아다니기도 하고 굴리기도 하면서 몇 시간을 보낸다. 그야말로 순수한 놀이다.

흥은 행동 자체가 아니라 행동에 접근하는 방법이다. 내 주변에, 모든 것을 순서대로 보고 또 해야 한다는 강박 때문에 디즈니랜드 여행도 일로 바꾸어놓는 친구가 있다. 하지만 다락이나 차고를 치우는 일도 자신이 좋아하는 신나는 음악을 틀어놓고 빙글빙글 어지럽게 춤을 추면서 기쁨을 만끽할 경우 신나는 놀이가 될 수 있다.

"천사가 날아다니는 이유는 스스로 가볍다고 생각하기 때문이다."라는 오래된 자동차 범퍼 스티커는 어떤 관점으로 바라보느냐에 따라 결과가 달라진다는 점을 일깨워준다. 한 걸음 뒤로 물러나 심호흡을 하고 마음을 가볍게 가지라.

'삶을 즐기라'는 가르침은 언제나 잘 팔린다. 다들 행복해지기를 바라고 고통은 피하고 싶어한다. 물론 그러려면 신나게 즐기는 법을 익히는 것이 중요하다. 흥이란 무엇일까? 어떻게 하면 흥과 친해질 수 있을까?

관객이나 배우로 즉흥연극에 참여하는 사람은 거의 누구나 그 이유가 "흥이 나서"라고 말한다. '다른 사람들과의 대화 기술을 향상시키는 법'이라는 주제는 너무 지겹다며 피하는 사람들이 '즉석 게임 : 인간관계를 개선하려면 자신의 방식대로 웃으라'는 주제에는 벌떼처럼 모여든다. 게임을 하고, 이야기를 지어내고, 우스꽝스러운 행동으로 우리 모두의 안에 자리하고 있는 꼬마를 불러내 삶이 지금보다 더 단순했던 시절을 떠올리는 것은 분명히 의미 있는 일이다.

수업 분위기가 매우 진지한 스탠퍼드에서 즉흥연기 수업은 긴장을 누그러뜨리는 해결책으로 무척 인기가 높다. 우리는 기쁨과 즐거움을 추구하는 우리의 능력을 다시 일깨워야 한다. 경이를 찾아내고, 노는 법을 기억해내고, 오답이 없는 교실에서 생활하는 것이 우리 모두의 바람이다. 놀이 기능을 상실하는 순간 우리는 시들고 만다.

잘 알다시피 우리 주변에는 엉뚱한 곳에서 기쁨을 찾아 헤매다니며 약물로, 쇼핑으로, 경쟁에서의 승리로…… 활력을 충전하려는 사람들이 있다.

놀이에 필요한 환경을 조성하는 데에는 많은 노력이 필요하지 않다. 우선 신체적으로 서로 접촉할 수 있는 공간을 마련해야 한다. 그 다음에 지켜야 하는(또는 위반해도 상관없는) 몇 가지 규칙을 정하고 함께 기꺼이 실수할 수 있는 의지가 있으면 된다. 안내자나 교사가 있으면 도움이 되겠지만 꼭 있어야 할 필요는 없다.

자연스런 웃음은 어디에서 나오는가? 뜻밖에, 자연스럽게 우러나와, 결과를 생각하지 않고, 넘어지고 일어나면서, 바보처럼 보여도 상관없이, 그저 신나게 놀다 보면 저절로 흥이 난다.

졸업식이 있는 주말, 우리 극단의 고참들이 부모와 친지들을 위해 졸업을 축하하는 즉흥연극을 준비했다. 그들은 마지막으로 함께 모여 도전에 나섰다.

나는 소란을 즐기는 관객들의 얼굴을 유심히 지켜보았다. 다들 텍스스만큼이나 커다란 미소를 지었다. 그 모습을 보면서 나는 기뽐을 만들어내는 데에는 그렇게 많은 노력이 필요하지 않다는 점을 새삼 깨달았다. 같이 어울리면서 실수하고, 수수께끼와 문제를 풀고, 웃고, 정답을 찾아내기도 하고, 오답을 찾아내기도 하고, 노래를 부르면 된다.

함께 놀이를 즐기자. '게임의 밤'이라는 주제로 각자 음식을 조금씩 들고 오는 파티를 열어 친구들을 초대하는 것은 어떨까. 그리고 다음에 소개하는 게임을 해보자. '이 물건의 용도는 몇 가지나 될까?'라는 게임은 누구나 쉽게 할 수 있다. 요령은 이렇다.

간단한 주방용품(나무 주걱, 냄비 뚜껑, 행주 등)을 하나 골라 사람들에게 돌린다. 더 이상 아무도 생각이 떠오르지 않을 때까지 한 사람씩 돌아가며 물건을 잡고 용도를 말한다. (나의 경우에는 주걱을 마이크처럼 붙잡고 "마이크!"라고 말한다. 그럼 론은 노 젓는 흉내를 내며 "카누 노"라고 받는다.)

마지막으로 물건의 용도를 생각해낸 사람이 승리자다. 오답은 없다는 점에 유의하라. 자기만의 게임을 만들어내도 되고 제스처 게임처럼 이미 있는 게임을 응용해도 상관없다.

스무고개 게임을 마지막으로 한 것이 언제인가? (그것은 동물인가요, 식물인가요, 광물인가요?)

* 삶을 즐기는 사람의 미소

정비공이 펑크 난 타이어를 수리하는 동안 나는 조그만 샌드위치

가게를 찾아 들어갔다. 계산대 뒤에 우두커니 서 있던 여종업원과의 만남은 지금도 기억에 남는다.

그녀는 60대 초반에 희끗희끗한 머리를 뒤로 잡아당겨 쪽을 찌듯 묶고서 오랜만에 보는 넉넉하고 진심 어린 미소를 함박꽃처럼 짓고 있었다. 그녀는 내가 손님으로 들어와 정말 기쁜 듯 내 눈을 똑바로 들여다보았다. 나는 그녀가 보여주는 관심의 질에 적잖이 놀랐다. 나는 참치 통밀빵 샌드위치를 주문했다.

"구워드릴까요? 일 분밖에 걸리지 않아요. 그리고 피클 필요하세요? 피클은 무료예요."

그녀가 활짝 웃으며 말했다. 나는 두 가지 제안을 모두 받아들이고 나서 그녀가 정성스레 샌드위치를 준비하는 모습을 지켜보았다. 그녀는 다시 푸근하게 미소지으며 샌드위치를 들고 와선 필요한 게 있으면 뭐든 말하라고 당부했다. 지루하기도 할 만한 일을 하면서도 그녀는 자신의 일을, 자신의 삶을 즐기는 사람의 표정을 모두 보여주었다. 그런 표정이 어째서 드문 것일까?

때로 나는 사람들로부터 하는 일이 단조롭거나 보람이 없다는 불평을 듣곤 한다. 그런 소리를 들을 때면 나는 고개를 갸우뚱거린다.

기쁨은 외부 현실의 조건보다는 삶을 바라보는 우리의 시각에 달려 있는 듯하다. 우리는 가치를 저울질한다. 하지만 우리는 원래는 그렇게 타고나지 않았다. 샌드위치 가게의 할머니 종업원은 샌드위치를 만들어 손님들에게 대접하는 자신의 일에서 기쁨을 찾고 있었다. 그녀는 그 일이 '즐거워야 한다'고 억지 부리지 않았다. 우리의 모든 자유 가운데 가장 큰 자유는 스스로의 태도를 선택하는 능력이다.

웃는 낯으로 사람들을 대하자. 찡그린 표정이나 따지는 듯한 표정은 삼가고 격려의 눈빛으로 서로를 쳐다보자. 다른 사람의 하루를 즐겁게 하자.

물론 흥이 늘 가능하지는 않으며, 일을 하는 데 꼭 필요한 전제조건도 아니다. 어떤 일들은 재미가 있건 없건 끈기와 꾸준한 실천을 필요로 한다. 하지만 단지 재미없어 보인다는 이유로 중요한 무언가를 놓쳐선 안 된다. 재미있기를 바란다고 해서 실제로 그렇게 되지는 않는다.

'삶에 흥을 더하기'의 핵심은 뭔가 즐거운 일을 할 때까지 무작정 기다리기보다 현재 우리가 하고 있는 일을 즐기는 방법을 찾는 데 있다.

나는 설거지를 정말 좋아한다. 설거지를 하면서 따뜻한 물과 세제 거품의 촉감, 싱크대의 다양한 물건들로부터 내가 받는 도움에 집중한다. 늘 그런 것은 아니지만 종종 일부러 늦장을 부리면서 그 경험을 음미한다. 물론 때로는 재미와 상관없이 그저 설거지만 하기도 한다.

지금 이 순간, 삶의 무대로 뛰어오르다

  즉흥연기 가운데 일부는 완성하는 데 유난히 시간이 많이 걸린다. 즉흥연기라는 주제를 다룬 이 작은 책은 쓰는 데 20년이 넘게 걸렸다고 하면 아이러니처럼 보일 것이다.

  이 원고의 초고는 1981년으로 거슬러 올라간다. 원고를 완성하기까지 책꽂이에서 뽀얗게 먼지를 뒤집어쓴 링 세 개짜리 바인더 수십 개에 이어 옛날 5인치 플로피디스크 한 다발과 그보다 더 많은 3인치 디스크, 100M 압축 디스크 여러 장, 좀더 최근 들어서는 크기는 엄지손가락만 해도 내가 처음 사용했던 컴퓨터보다 저장 능력이 30배나 더 많은 USB라는 점프 드라이브까지 생겼다. 이 모든 자료에는 '즉흥연극 책'이라는 찌지가 붙어 있다. 그동안 이 책을 쓰지 않고 있을 때가 없었던 것 같다.

  이 사실이 당신에게 용기를 주길 바란다. 명색이 즉흥연기 교사라면 땀을 쏟지 않고도 '그 자리에서' 즉각 흥미로운 결과를 만들어내야 옳지 않을까? 대체 무엇 때문에 시간이 이렇게 오래 걸렸을까? 나는 왜 즉흥연기를 하듯 이 책을 쓰지 못했을까?

사실 이 책은 즉흥연기의 산물이다. 생각해보라. 나는 이 이야기를 말하고 싶어하는 목소리에 줄곧 '예스'라고 답해왔다. 해마다, 날마다 나는 나의 집필용 책상 앞에 모습을 드러냈다. 메시지를 올바로 전달할 수 있는 형식이 무엇이 있을까를 찾으며 어마어마한 실수도 저질렀다. (몇 년 동안 이 책은 연극 교재와 자기계발서 둘 다를 지향했다.) 즉흥연기의 비밀을 모든 사람과 나누는 책을 쓰겠다는 나의 목적으로 돌아가기를 몇 번이나 거듭했는지 모른다('경로를 유지하라'). 그렇게 멈추지 않은 덕분에 나는 결국 이 책의 내용을 이해하고 믿어준 완벽한 편집자와 출판사를 찾아냈다. 게다가 친구와 학생들, 동료들의 격려라는 선물에 힘입어 나는 줄곧 삶을 즐겼다.

잘 알다시피 즉흥연기는 규모, 형식, 시간 틀이 아주 다양하다. 어쩌면 여러분 인생의 책꽂이에도 커다란 꿈이 먼지를 뒤집어쓰고 꽂혀 있을지도 모른다. 아주 접지는 않았지만 방치하고 있다면 시작하거나 앞으로 나아가기에 너무 늦은 때란 없다.

몇십 년 넘게 즉흥연기를 해오면서 나는 어느새 못 말리는 낙천주의자가 되었다. 사람은 누구나 바뀔 수 있다고 나는 믿는다. 실제로도 바뀌는 모습을 수없이 보아왔다. 아무리 심각한 문제와 나쁜 습관도 많은 경우 극복할 수 있다.

전 세계적으로 호응을 얻고 있는 12단계 프로그램의 인기는 수백만 명의 사람들이 삶의 방식을 개선하고자 한다는 점을 보여주는 증거다. 즉흥연기의 좌우명이 변화를 모색하는 사람들에게 지금 시작하도록 영감을 준다면 더 바랄 게 없겠다.

오래전 색칠 공부 도구를 내다버리고 나서 나는 다른 길로 가기 시작했다. 나는 색칠 공부 도구를 만든 회사에 감사한다. 그 제품 덕분에 우선 붓을 잡고 손을 움직였기 때문이다.

그때 이후로 반세기가 지나는 동안 나는 수없이 많은 우편엽서를 그렸다. 이미지가 떠오르는 경험을 통해, 생각이 머릿속에서 펑 터지는 경험을 통해, 말이 내게로 오는 경험을 통해 나는 깨달았다. 종이 위에 모습을 드러내는 것은 정말이지 놀라운 경이일 때가 너무나 많았다. 즉흥연기는 내게 결과에 덜 연연해하면서 삶의 과정과 관계의 질에 더욱 관심을 기울이는 법을 가르쳐주었다.

하지만 이 일에는 결말이 있다. 그 결말을 바라보고 있자니 나의 작품이라기보다 더 큰 원천의 작품이라는 생각이 든다. 나의 지침인 "무엇보다 너 자신에게 충실하라."라는 폴로니우스의 충고는 맞지 않다. 즉흥연기를 할 때 나를 일깨우는 진리는 폴로니우스의 충고가 아니라 내가 이 삶을 나누는 사람 모두를 아우르는 진리, 곧 순간의 진리다. 그렇게 나아가다 보면 더 큰 그림과 만날 수 있고, 어쩌면 만물의 성스런 질서 안에서 우리의 역할을 더 명확하게 찾을 수 있을지도 모른다. 그때 삶의 특권은 더욱 분명해진다.

나는 선문답에 나오는 눈먼 거북이의 이야기에 늘 감동을 받아왔다. 이 이야기는 '인간으로 다시 태어난다'는 개념, 다시 말해 인간의 삶이라는 선물의 경이를 설명하는 우화다.

전설에 따르면 한 남자가 나무 멍에를 바다에 던졌는데, 멍에는 동풍과 서풍에 밀리며 이리저리 떠다녔다. 한편 눈먼 거북이는 백 년마다 한 번씩 바다 밑에서 떠올라 수면으로 헤엄쳤다. 이 거북이가 떠다니는 멍에 속으로 고개를 들이밀 확률이 얼마나 될지 한번 상상해보라. 옛날 사람들 말에 따르면 우리가 인간으로 다시 태어날 확률이 딱 그만큼이라고 한다. 그렇다면 인간으로서의 삶을 허비하는 것은 옳은 일이 아니지 않을까?

몇 년 전 나는 이 다급함을 알리기 위해 우화 한 편을 썼다.

★ 물통

투비다라는 작은 마을에선 법으로 정해 물을 할당했다. 아기가 태어나면 마을 원로들은 제비뽑기를 통해 아기가 평생 사용할 물을 정했다. 제비뽑기는 무작위로 이루어졌기 때문에 100리터의 물을 받는 사람이 있는가 하면, 1억 리터의 물을 받는 사람도 있었다. 물은 각자의 집 뒤꼍에 있는 거대한 원통에 저장되었다.

물통 옆구리에 꼭지가 달려 있었다. 모든 사람의 물통이 다 똑같아 보였다. 물통은 엄청나게 커서 70년에서 100년 동안 쓸 물을 너끈히 저장할 수 있었다. 물론 물통 안에 있는 물의 양은 저마다 달랐다. 하지만 물통 안에 물이 얼마나 들어 있는지를 알 수 있는 방법은 없었다.

마을 사람들은 이러한 현실에 매우 다양하게 대처했다. 한 사람이 지난 50년 동안 각자가 사용한 물의 양을 모두 기록했다. 그는 각자에게 할당된 물의 양을 통계치로 보여주는 도표를 작성했다.

마을 사람 가운데 어떤 이는 물을 극도로 아끼면서 물을 너무 많이 쓰게 될까 봐 마당에 나무 한 그루도 심지 않았다. 그런가 하면 또 어떤 이는 물이 넘쳐난다는 생각에 온수 욕조, 분수, 수영장을 만들기도 했다. 또 어떤 이는 낚시도 하고, 뱃놀이도 하고, 수영도 할 수 있는 거대한 호수를 지어 이웃들과 나누어 썼다.

하지만 꼭지를 틀어놓고 물이 콸콸 흘러나오게 내버려두는 사람은 아무도 없었다. 물론 가끔 잔디밭에 물을 주다가 꼭지 잠그는 것을 잊어버리는 사람이 있긴 했지만 일부러 물을 허비하는 사람은 한 명도 없었다.

여러분이 투비다 주민이라면 자신에게 할당된 물을 어떻게 사용하겠는가? 삶의 한순간 한순간이 물통에서 똑똑 떨어져 나오는 물방울이라고 생각해보라. 물통이 새고 있지는 않은가?

이 귀중한 시간으로, 나의 삶인 이 즉흥연기로 나는 무엇을 할까? 분명히 다들 무언가 떠오르는 생각이 있을 것이다. 즉흥연기는 좀 더 활기차게 살아가는 방법을, 미루는 버릇과 의심을 헤쳐 나가는 방법을 가르쳐준다. 하지만 앞으로 나아가는 것은 우리 각자의 몫이다. 너무 크거나 너무 작은 꿈이나 목표란 없다. 의미와 가치가 있는 삶은 목적이 있는 행동을 통해서만 성취된다.

거기에는 물론 위험도 포함된다. 불안을 느끼는 것은 당연하다.

불안은 끌어안아야 할 삶의 일부다. 즉흥연기가 완벽한 결과를 보장해주지는 못한다 하더라도 파티에 합류할 수 있는 기회를, 무대에 오를 수 있는 기회를 준다. 밖으로 나가면 수많은 격려가 기다리고 있다는 점을 명심하기 바란다.

어째서 사람들은 또 하나의 순간을 허비하는 걸까? 오늘이야말로 시작하기에 가장 좋은 날이다. 시작하기 전에 완벽한 계획을 세우거나 대사를 모두 암기할 때까지 기다리고 있지는 않은가? 이제 여러분은 잘 알고 있다. 삶의 무대로 뛰어올라 시도하고 관찰하라.

그 순간부터 여러분은 우리 즉흥연기인들의 비밀단체 회원이 될 것이다. 이 길을 가면서 깡충거리기도 하고, 공중으로 펄쩍 뛰어오르기도 하고, 발을 헛디뎌 넘어지기도 하겠지만 내내 행운과 큰 모험이 따르길 빈다. 지금 무대에 올라 절을 하고 신나게 즐기라.

즉흥연기를 선보이라!

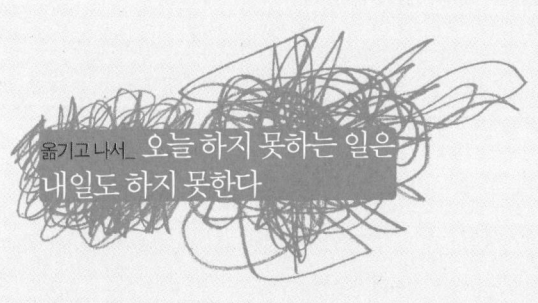
옮기고 나서_ 오늘 하지 못하는 일은 내일도 하지 못한다

"인생은 연극이고 우리 인간은 모두 무대 위에 선 배우다."라는 말이 있다. 영국의 위대한 극작가 셰익스피어가 한 말이라는데, 그가 이 말을 했을 때는 배우가 무대에 올랐다가 연극이 끝나면 내려가야 하듯이 유한한 인간에게 삶은 언젠가는 내려놓아야 하는 덧없는 꿈이라는 의미를 염두에 두고 있었던 듯하다. 그 안에 담긴 속뜻은 각기 다르지만 이처럼 인생을 연극에 비유한 인물들은 셰익스피어 말고도 많다.

이 책의 저자 퍼트리셔 라이언 매드슨도 삶은 연극, 그중에서도 즉흥극이라고 말한다. 하지만 그녀가 삶을 즉흥극에 비유한 데에는 셰익스피어와 약간 다른 관점이 자리한다. 즉흥극은 고정된 대본이 없이 대략의 줄거리만을 가지고 그 자리의 분위기에 따라 연출하는 연극으로 배우와 배우, 배우와 관객의 호흡이 극의 성패를 가름하는 관건이다. 전통적인 연극과 달리 즉흥극에선 배우와 관객, 또는

'나와 너'를 구분하는 공간상의 또는 시간상의 무대가 따로 정해져 있지 않다. 다시 말해 실시간 속에서 그때그때의 상황에 따라 '나와 너'가 하나가 되어 이야기를 펼쳐 나간다. 30년 넘게 스탠퍼드 연극학과 교수로 재직하면서 학부생과 일반인을 대상으로 즉흥연기를 가르쳐온 저자는 배우와 배우, 배우와 관객의 흥과 혼연일체(저자의 표현을 빌리면 상호의존성)가 무엇보다도 중요한 즉흥극처럼, 삶도 저마다 주어진 역할을 충실하게 소화하는 가운데 지금 이 순간 우리와 삶을 나누는 모든 이와 공감대를 형성할 때 비로소 온전한 의미를 지닌다고 말한다.

그녀는 선 안에만 그림을 그렸던 자신의 경험에서 시작해 즉흥연기를 배우고 가르치면서 몸으로, 마음으로 터득한 열세 가지 교훈을 우리에게 소개한다. 우리는 살면서 보이지 않는 금을 주변에 여기저기 그어놓고 자의든 타의든 그 금을 벗어날라 치면 무슨 큰일이라도 나는 줄 안다. 그러면서 갈수록 금 안에서만 웅크리고 지낸다. 그러는 사이 한때 형형색색으로 찬란하게 빛났던 우리의 세상은 어느새 잿빛으로 변하고, 기대에 부풀어 기다려왔던 내일은 똑같은 어제로 바뀌어 과거의 시간 속으로 묻히고 만다. 그러고 나서 마지막에 남는 것은 삶의 끝······.

한마디로 저자는 그렇게 살지 말라고 말한다. 미래를 대비한다는 명분 아래 소중한 지금 이 순간을 사재기하지 말라고 말한다. 오늘 하지 못하는 일은 내일도 하지 못한다. 시간은 우리를 기다려주지 않는다. 벤저민 프랭클린의 말처럼 "한번 잃어버린 시간은 두 번 다시 되찾을 수 없다." 남보다 앞서기 위해, 지금보다 더 나은 앞날을 위해 현재를 포기해가며 다른 사람은 물론 자기 자신과도 단절하는 삶을 살지 말라고 저자는 말한다. 대신 정해진 대본 없이 신명과 순간의 지혜에 기대어 동료 배우와 관객의 입장을 배려하면서 '너와 나' 가 하나가 되는 분위기를 이끌어나가는 즉흥연기자처럼 삶을 대하라고 권한다.

저자가 인용하는 불교 선문답에 따르면 우리가 인간으로 태어날 확률은 눈먼 거북이가 백 년마다 한 번씩 바다 밑에서 떠올라 수면으로 헤엄치며 동풍과 서풍에 이리저리 떠밀려 다니는 나무 명에 속으로 고개를 들이밀 확률과 같다고 한다. 이 이야기 속에는 쉽게 말해 어떻게 태어난 인생인데 단 한순간도 허비하지 말고 우리 자신을 위해, 우리에게 인간의 삶이라는 선물을 준 세상을 위해 열심히 살라는 뜻이 담겨 있다.

행복해지고 싶은가? 의미 있는 삶을 살고 싶은가? 그렇다면 거의 평생을 스탠퍼드 연극학과에 몸담아 오면서 수많은 사람들의 삶의 방식을 바꾸어놓은 저자가 전하는 즉흥연기의 지혜를 실천해보라. '그래'라고 말할 것, 준비하지 말 것, 그저 모습을 드러낼 것……. 어려울 것 같지 않다고? 그럼 지금 당장 실천해보라. 오늘만큼 시작하기에 좋은 날도 없다. 밑져야 본전 아닌가.